Ben Yeshoua

Prières d'une Saskatchewanaise pour son ranch

Ben Yeshoua

Prières d'une Saskatchewanaise pour son ranch

Que ta bénédiction vienne sur ce qui m'appartient

Éditions Croix du Salut

Impressum / Mentions légales
Bibliografische Information der Deutschen Nationalbibliothek: Die Deutsche Nationalbibliothek verzeichnet diese Publikation in der Deutschen Nationalbibliografie; detaillierte bibliografische Daten sind im Internet über http://dnb.d-nb.de abrufbar.
Alle in diesem Buch genannten Marken und Produktnamen unterliegen warenzeichen-, marken- oder patentrechtlichem Schutz bzw. sind Warenzeichen oder eingetragene Warenzeichen der jeweiligen Inhaber. Die Wiedergabe von Marken, Produktnamen, Gebrauchsnamen, Handelsnamen, Warenbezeichnungen u.s.w. in diesem Werk berechtigt auch ohne besondere Kennzeichnung nicht zu der Annahme, dass solche Namen im Sinne der Warenzeichen- und Markenschutzgesetzgebung als frei zu betrachten wären und daher von jedermann benutzt werden dürften.

Information bibliographique publiée par la Deutsche Nationalbibliothek: La Deutsche Nationalbibliothek inscrit cette publication à la Deutsche Nationalbibliografie; des données bibliographiques détaillées sont disponibles sur internet à l'adresse http://dnb.d-nb.de.
Toutes marques et noms de produits mentionnés dans ce livre demeurent sous la protection des marques, des marques déposées et des brevets, et sont des marques ou des marques déposées de leurs détenteurs respectifs. L'utilisation des marques, noms de produits, noms communs, noms commerciaux, descriptions de produits, etc, même sans qu'ils soient mentionnés de façon particulière dans ce livre ne signifie en aucune façon que ces noms peuvent être utilisés sans restriction à l'égard de la législation pour la protection des marques et des marques déposées et pourraient donc être utilisés par quiconque.

Coverbild / Photo de couverture: www.ingimage.com

Verlag / Editeur:
Éditions Croix du Salut
ist ein Imprint der / est une marque déposée de
OmniScriptum GmbH & Co. KG
Heinrich-Böcking-Str. 6-8, 66121 Saarbrücken, Deutschland / Allemagne
Email: info@editions-croix.com

Herstellung: siehe letzte Seite /
Impression: voir la dernière page
ISBN: 978-3-8416-9985-5

Copyright / Droit d'auteur © 2015 OmniScriptum GmbH & Co. KG
Alle Rechte vorbehalten. / Tous droits réservés. Saarbrücken 2015

Prières d'une Saskatchewanaise pour son ranch

Que ta bénédiction vienne sur ce qui m'appartient

Prières d'une Saskatchewanaise pour son ranch

Introduction

Vous êtes entrepreneur, investisseur ou gestionnaire, quelque soit votre domaine d'activité, vous voulez et espérez que ce qui se trouve entre vos mains prenne de la hauteur, de la taille, de la valeur et dépasse toutes vos attentes. Quelqu'un à la capacité de le faire à votre place et le faire comme jamais vous ne l'auriez espéré : Dieu.

Les prières de cette femme du Saskatchewan pour son activité vous aidera à gravir une montagne qui aura une grande influence sur les affaires que vous faites.

Ses prières, elle les adresse tous les jours à Dieu, pendant qu'il est encore nuit, avant le lever du jour, à midi et le soir, ce que vous pouvez aussi faire avec ce livre qui est mis à votre disposition pour invoquer le Seigneur afin que vos entreprises aient une direction nouvelle et une direction meilleure ; car les bontés de Dieu se renouvellent chaque matin.

Prendre le temps dans la présence de Dieu et pouvoir toucher ce qui vous appartient sans rien oublier, cela est possible à travers cet ouvrage.

Prières d'une Saskatchewanaise pour son ranch

TABLE

La conservation des vêtements	5	Dieu envoie dans la ville pour rebâtir	97
Une alliance avec nous	7	Il ne subsistera pas toujours	100
Une maison - de la subsistance et des terres	19	Mon pays ma ville mon sol devant toi	102
Le don de Dieu	25	La ville ne sera pas prise	114
Le salaire de Dieu	36	Une ville où les femmes craignent Dieu	118
Il ne sommeil ni ne dort	39	Du pain dans ma campagne	119
Dieu donne une forme et Dieu remplit	53	Mes entrailles	122
Dieu me rassemble, Dieu me recueille	56	L'eau qui coule	124
De la semence encore de la semence	59	Ma descendance	126
Un chef qui paîtra	61	Aime-moi, bénis-moi, multiplie-moi	129
Ils viendront	64	Revêtue	132
De grandes eaux débordent et ne m'atteignent pas	70	Berger de mon troupeau	134
La ville du Seigneur	71	Mon bétail	137
La terre que Dieu m'a donnée	78	Mon gros et mon petit bétail	141
Dans la présence de Dieu	83	Des brebis et des vaches	146
Mes adversaires me sont livrés	85	Ma corbeille et ma huche, mon arrivé et mon départ	149

Prières d'une Saskatchewanaise pour son ranch

Bâtissez des maisons et habitez-les ;
plantez des jardins et mangez-en les fruits.
Mariez-vous et engendrez des fils et des filles ;
mariez vos fils et donnez vos filles en mariage, afin qu'elles enfantent des fils ;
multipliez là où vous êtes et ne diminuez pas.
Rechercher le bien de la ville où je vous ai déportés et intercédez auprès de l'Éternel en sa faveur, parce que votre paix dépendra de la sienne.

Prières d'une Saskatchewanaise pour son ranch

La conservation des vêtements

Ô Éternel, je t'en supplie ne me décoiffe pas et que je ne sois pas portée à me décoiffer moi-même !

Que l'huile qui est sur ma tête demeure et déborde.

Que mes vêtements soient consacrés ;

que mes vêtements soient consacrés et le restent !

Ô Éternel, je t'en supplie ne me décoiffe pas et que je ne sois pas portée à me décoiffer moi-même !

Que je ne me décoiffe ni pour la mort, ni pour rien d'autre mais que je demeure dans ton sanctuaire ! car je suis à toi, je t'appartiens à toi et à toi seul.

Ô Éternel, je t'en supplie ne déchire pas mes vêtements et que je ne sois pas portée à déchirer mes vêtements moi-même !

Que l'huile qui est sur ma tête demeure et déborde !

Que mes vêtements soient consacrés et le restent !

Ô Éternel, je t'en supplie ne me décoiffe pas et que je ne sois pas portée à me décoiffer moi-même !

Que je ne me décoiffe ni pour la mort, ni pour rien d'autre mais que je demeure dans ton sanctuaire ! car je suis à toi, je t'appartiens à toi et à toi seul.

Que je demeure dans la sainteté, comme tu l'as dit, que je demeure un peuple saint pour toi, Éternel, mon Dieu !

Que j'ai une âme qui observe et met en pratique tes commandements et tes prescriptions !

Ne me donne pas le même sort qu'une bête ;

que je ne meure pas par une bête et que mon souffle soit différent du souffle

Prières d'une Saskatchewanaise pour son ranch

d'une bête !

Que je me réjouisse de mes œuvres, que je me réjouisse en toi et que je me glorifie en toi seul.

Prières d'une Saskatchewanaise pour son ranch

Une alliance avec nous

Ô Dieu, donne vie à ma propriété, à ma ferme, à mon troupeau, à toutes les espèces qui s'y développent, à mes bâtiments, à mes équipements, à mon personnel, à ma terre !

Ô Dieu, donne une forme et rempli ce qui m'appartient et que les ténèbres ne s'y meuvent plus !

Ô Dieu, que cela soit bon.

Ô Dieu, que ma propriété produise de la verdure, de l'herbe portant de la semence, des arbres donnant du fruit selon leur espèce et ayant en eux leur semence sur ma terre !

Ô Dieu, que cela soit bon.

Ô Dieu, place le soleil, la lune et les étoiles pour éclairer ma propriété !

Que les eaux sur ma propriété produisent en abondance des animaux vivants, et que des oiseaux volent sur ma propriété vers l'étendue du ciel !

Ô Dieu, que ma terre et tout ce qui s'y trouve soit fécond, se multiplie ; et que ma propriété se remplisse.

Ô Dieu, que ma terre produise des animaux vivants selon leur espèce, du bétail !

Ô Dieu que cela soit bon.

Ô Dieu, que je sois à ton image et à ta ressemblance, fasse que je domine sur les poissons de la mer, sur les oiseaux du ciel, sur le bétail, sur toute ma terre, et sur tous les reptiles qui rampent sur ma terre !

Ô Dieu, que je sois féconde, que je me multiplie, que je remplisse ma terre, et que je l'assujettisse ;

Prières d'une Saskatchewanaise pour son ranch

que je domine sur les poissons de la mer, sur les oiseaux du ciel, et sur tout animal qui se meut sur ma terre.

Ô Dieu, donne-moi ma nourriture quotidienne.

Ô Dieu, donne la nourriture quotidienne à tout animal sur ma terre, à tout oiseaux du ciel, et à tout ce qui se meut sur la terre, ayant en soi un souffle de vie !

Ô Dieu, accomplis ton œuvre parfaitement sur ma terre.

Ô Dieu, que ma terre et tout ce qui s'y trouve trouve son origine en toi.

Ô Dieu, viens arroser toute la surface de ma terre !

Ô Dieu, souffle dans mes narines un souffle de vie et que je devienne un être vivant.

Ô Dieu, fais venir vers moi tous les animaux des champs et tous les oiseaux du ciel, et qu'ils portent le nom que je leurs donnerai !

Ô Dieu, que je ne mange pas du pain à la sueur de mon visage et que je ne sois pas chassée de ta présence !

Ô Dieu, que les fruits de ma terre et de tout ce qui s'y trouve te soient donnés en offrande ;

que mon bétail et ses productions te soient donnés en offrande ;

que ma terre et ses productions te soient données en offrande ;

que mes habitations et mon personnel te soient donnés en offrande.

Ô Dieu, que je ne verse pas le sang innocent et que le sang innocent ne crie pas de ma terre vers toi.

Ô Dieu, que je sois bénie de ma terre et que ma terre ne reçoive pas le sang innocent de ma main.

Quand je cultiverai ma terre, qu'elle me donne de sa richesse, et que je n'erre pas et que je ne vagabonde pas !

Prières d'une Saskatchewanaise pour son ranch

Ô Dieu, que je ne sois pas chassée de ma terre ; que je ne sois pas cachée loin de ta face ; que je n'erre pas et que je ne vagabonde pas sur ma terre et que nul ne puisse me tuer, s'il me trouve ;

que je ne m'éloigne pas de ta face, Éternel, et que je n'habite pas ailleurs mais que je demeure dans ta présence.

Ô Dieu, console moi et que les travaux manuels sur ma terre ne me causent pas de peine !

Ô Dieu, que je commence à me multiplier sur la face de ma terre, que des fils et des filles naissent de moi ;

qu'aucun démon, aucun esprit impur, aucun oiseau ailé impur détestable, ne vienne prendre des personnes parmi ma descendance pour en faire sa femme !

Ô Dieu, que la méchanceté ne soit pas sur ma terre et que tous les cœurs sur ma terre se portent vers le bien !

Ô Dieu, n'extermine aucun homme sur la face de ma terre, n'extermine pas le bétail, n'extermine pas les reptiles, et n'extermine pas les oiseaux du ciel mais donnes-nous la vie éternelle !

Ô Dieu que ma terre ne soit pas pleine de corruption et que toute chair ne corrompt pas sa voie sur ma terre !

Ô Dieu, que ma terre ne soit pas pleine de violence.

Ô Dieu, ne décide pas de mettre fin à tous les êtres vivants sur ma terre, ne les détruit pas avec ma terre ; mais accorde moi la vie !

Ô Dieu, ne fais pas venir le déluge d'eaux sur ma terre, pour détruire toute chair qui a souffle de vie ; et que tout ce qui est sur ma terre ne périsse pas !

Ô Dieu, que mes fils, mon mari et ma belle-famille entrent dans ta présence ; fais entrer aussi les animaux de chaque espèce vivante, pour qu'ils survivent, le mâle

Prières d'une Saskatchewanaise pour son ranch

et la femelle, oiseau, bétail, reptiles de ma terre, qu'ils viennent vers toi afin de survivre.

Ô Dieu, fais-moi des provisions auprès de toi, pour que cela me serve de nourriture ainsi qu'à mes fils, mon mari, ma belle-famille, les animaux de chaque espèce vivante, mâle et femelle, oiseau, bétail, reptiles de ma terre, dans ta présence !

Ô Dieu, garde en vie tout ce que tu m'as donné.

Ô Dieu, n'extermine pas de la face de ma terre tout ce qui s'y trouve.

Ô Dieu, que le déluge n'atteigne pas ma terre !

Ô Dieu, que tout ce qui est à moi entre dans ta présence, mes fils, mon mari, ma belle-famille, tous les animaux selon leur espèce, tout le bétail selon son espèce, tous les reptiles qui rampent sur ma terre selon leur espèce, tous les oiseaux selon leur espèce, tout ce qui a des ailes.

Ô Dieu, que le déluge ne vienne pas sur ma terre et que les eaux ne s'élèvent pas au-dessus de ma terre !

Ô Dieu, que tout ce qui se meut sur ma terre ne périsse pas ;

que mon mari ne périsse pas ;

que mes fils ne périssent pas ;

que ma belle-famille ne périsse pas ;

que les oiseaux ne périssent pas ;

que le bétail ne périsse pas ;

que les animaux ne périssent pas ;

que tout ce qui pullule sur ma terre ne périsse pas ;

que tous les êtres humains ne périssent pas

que tout ce qui est animé d'un souffle de vie dans les narines et qui est sur la surface de ma terre ne périsse pas !

Prières d'une Saskatchewanaise pour son ranch

Ô Dieu, n'efface pas tous les êtres qui sont sur la surface de ma terre : qu'ils ne soient pas effacés de ma terre.

Que les eaux du déluge s'éloignent de ma terre !

Ô Éternel , que mon odeur soit une odeur pure et agréable ;

que l'odeur de mon mari soit une odeur pure et agréable ;

que l'odeur de mes fils soit une odeur pure et agréable ;

que l'odeur de ma belle-famille soit une odeur pure et agréable ;

que l'odeur de toutes mes bêtes soit pure et agréable ;

que l'odeur des oiseaux sur ma terre soit pure et agréable ;

que l'odeur de tout ce qui se meut et qui vit sur ma terre soit pure et agréable !

Ô Éternel, que ma terre soit bénie pour toujours, et que tout ce qui est vivant sur ma terre ne soit pas frappé ;

tant que ma terre subsistera, les semailles et la moisson, le froid et la chaleur, l'été et l'hiver, que la nuit et le jour ne cessent pas !

Ô Dieu, bénis-moi, que je sois féconde, que je me multiplie et que je remplisse ma terre !

Que je sois, moi, mon mari, mes fils et ma belle-famille, un sujet de crainte et de terreur pour tout animal de la terre, pour tout oiseau du ciel, pour tout animal qui rampe sur la terre et pour tous les poissons de la mer : qu'ils soient livrés entre nos mains !

Que tout ce qui rampe et qui vit nous serve de nourriture : donne-le nous comme tu l'as fait des végétaux.

Mais, donne-nous de ne pas manger de chair avec sa vie, c'est-à-dire son sang.

Mais, donne-nous de ne pas verser le sang innocent et qu'aucun animal ne verse notre sang.

Prières d'une Saskatchewanaise pour son ranch

Établis une alliance avec moi et ma descendance après moi, avec les êtres vivants qui sont avec nous, tant les oiseaux que le bétail et tous les animaux de ma terre, avec tous ceux qui sont dans ta présence avec moi, avec tous les animaux de ma terre.

Établis ton alliance avec nous !

Qu'il n'arrive plus que toute chair soit retranchée par les déluges d'eaux, les déluges de grêles, les déluges de neiges, les déluges de pierres, les déluges de feu, les déluges de maladies ou les déluges d'épidémies, et qu'il n'y ait plus de déluge pour détruire ma terre !

Que ton arc soit placé dans la nuée, et qu'il soit un signe d'alliance entre toi et ma terre !

Quand tu auras rassemblé des nuages au-dessus de ma terre, que l'arc paraisse dans la nué, et que tu te souvienne de ton alliance entre toi et moi, entre toi et nous, ainsi qu'avec tous les êtres vivants, et que les eaux, les grêles, les neiges, les pierres, le feu, les maladies, les épidémies, ne se transforment plus en déluge pour détruire toute chair !

Que ton arc demeure dans la nuée et que tu le regardes pour te souvenir de l'alliance perpétuelle entre toi, Dieu, et tous les êtres vivants qui sont sur ma terre.

Que je commence à être puissante sur ma terre !

Que de moi sortent des nations qui se répandent sur toute la terre !

Que toute ma terre ait une seule langue et les mêmes mots issus du ciel, de ton trône et non du monde !

Lorsque nous bâtirons une ville et une tour dont le sommet touche le ciel, que ce soit seulement pour glorifier ton nom, toi seul.

Prières d'une Saskatchewanaise pour son ranch

Éternel, ne me disperse pas sur la surface de toute la terre mais maintiens-moi sur ma terre.

Ne confond pas le langage de toute ma terre et ne me disperse pas sur la face de toute la terre, mais que j'ai une seule langue et les mêmes mots issus du ciel, issus de ton trône.

Éternel, donne-nous de bâtir une ville à ta gloire et que rien ne vienne nous empêcher d'accomplir cette œuvre qui va servir à ta gloire.

Éternel, bénis ceux qui me béniront et que toute les familles de la terre soient bénies en moi !

Rends ma descendance comme la poussière de la terre, en sorte que l'on ne puisse pas plus la compter qu'on ne peut compter la poussière de la terre.

Que je sois bénie de toi, Dieu Très-Haut, maître du ciel et de la terre, et que j'ai une heureuse vieillesse !

Je me prosterne devant toi, Seigneur, ne passe pas loin de ta servante.

Que je devienne une nation grande et puissante, et qu'en moi soient bénies toutes les nations de la terre.

Je me prosterne devant toi, Seigneur, ne passe pas loin de ta servante.

Ne détruis pas ma ville, mes plaines et tous les habitants de ma ville, ne détruis pas les plantes de ma terre ;

Mais que toutes les nations de la terre se disent bénies en ma descendance !

Multiplie ma descendance comme les étoiles du ciel ;

donne à ma descendance toutes ces terres et que toutes les nations de la terre se disent bénies en ma descendance !

Donne-moi la rosée du ciel et des ressources de la terre, du blé et du vin nouveau en abondance.

Prières d'une Saskatchewanaise pour son ranch

Que ma demeure ne soit jamais privée des ressources de la terre et de la rosée du ciel, d'en haut.

Que ton échelle soit dressée sur ma terre et que tes anges y montent et y descendent de jour comme de nuit.

Donne-moi, à moi et ma descendance, la terre sur la terre je me couche.

Que ma descendance soit innombrable comme la poussière de la terre ; que je m'étende à l'ouest et à l'est, que je m'étende au nord et au sud, et que toutes les familles de la terre soient bénies en moi et en ma descendance !

Ô Dieu, que ma terre rapporte abondamment pendant de nombreuses années !

Donne-moi d'acheter d'innombrables terres et que ces terres m'appartiennent.

Ô Dieu fournis-moi de la semence afin que je puisse ensemencer toutes mes terres.

Ô Dieu, je t'en prie, use envers moi de la bienveillance et de la fidélité !

Ô Dieu, que l'endroit sur lequel je me tiens soit une terre sanctifiée.

Que les eaux sur ma terre ne soient pas changées en sang !

Que la poussière de ma terre ne devienne pas des moustiques !

Que la poussière de ma terre ne devienne pas des moustiques sur les hommes et sur les bêtes !

Que des ulcères avec des éruptions pustules ne viennent pas sur les hommes et les bêtes de ma terre !

Que je ne sois pas frappée de mortalité moi tout ce qui se meut sur ma terre !

Ô Dieu, fais-nous subsister afin que ton nom soit publié par toute la terre.

Ô Dieu, ne fais pas venir le tonnerre, la grêle, et que le feu ne descende pas du

Prières d'une Saskatchewanaise pour son ranch

ciel sur ma terre.

Ô Dieu, ne fais pas venir des sauterelles sur mon territoire.

Qu'elles ne couvrent pas la surface de ma terre, et qu'elles ne dévorent ps tous les arbres qui poussent pour nous dans la campagne ;

Qu'elles ne remplissent pas mes maisons, les maisons de mes serviteurs.

Qu'elles ne dévorent pas toute l'herbe de ma terre.

Qu'elles ne couvrent pas la surface de toute ma terre, et que ma terre n'en soit pas obscurcie.

Qu'elles ne dévorent pas toute l'herbe de ma terre et tout le fruit des arbres.

Ô Dieu, toute la terre est à toi.

Délivre-moi de tout envie de me faire une statue, délivre moi de toute envie de me faire une représentation quelconque des choses qui sont en haut dans les ciel, et de ce qui en bas sur la terre, et de ce qui est dans les eaux plus bas que la terre !

Ô Dieu, en six jours tu as fait le ciel, la terre, la mer et tout ce qui s'y trouve et tu t'es reposé le septième jour.

Accorde-moi du repos.

Ô Dieu, donne-moi d'ensemencer ma terre, et que je recueille le produit.

Ô Dieu, que mes bêtes soient comestibles.

Que leur chair soit comestible.

Ô Dieu, que mes bêtes soient purifiées.

Que ma source et ma citerne formant une réserve d'eau soient pures.

Que ma terre ne soit pas une terre désolée.

Que ma terre ait du repos.

Prières d'une Saskatchewanaise pour son ranch

Ô Dieu, accorde un temps de repos pour ma terre et à tout ce qui s'y trouve.

Que grâce au repos de ma terre, nous ayons de la nourriture, moi, mon serviteur, ma servante, le salarié et le résident temporaire qui séjourne avec moi !

Que ma terre ne se vende jamais à titre définitif ; car le pays est à toi, car nous sommes chez toi comme immigrants et comme résidents temporaires.

Qu'il y ait, dans tout le pays dont j'aurai la possession, le droit de rachat pour la terre !

Ô Dieu, donne-nous les pluies en leur saison, que la terre donne ses productions, et que les arbres de la campagne donnent leurs fruits.

Que le vannage dure jusqu'à la vendange et que la vendange dure jusqu'aux semailles ; que nous mangions notre pain à satiété et que nous habitions en sécurité dans notre pays.

Ô Dieu, que le trouble, le dépérissement et la fièvre ne consument pas nos yeux et ne nous rongent pas l'âme !

Que notre force ne s'épuise pas en vain.

Éternel, fais souffler un vent de la mer qui amènera des cailles et les rabattra sur ma terre et autour de ma terre.

Que ta gloire remplisse toute ma terre ; car tu es vivant.

Que ma terre n'ouvre pas la bouche pour m'engloutir et engloutir tout ce qui m'appartient !

Que ma terre ne se fende pas sous moi !

Que ma terre ne s'ouvre pas pour m'engloutir, moi et ma maison, avec tous mes gens et tous leurs biens !

Prières d'une Saskatchewanaise pour son ranch

Je te consacrerai mes prémices : tout ce qu'il y a de meilleur en huile, tout ce qu'il y a de meilleur en vin nouveau et en blé ;

les premiers produits de la terre !

Que tout ce qui est à moi couvre la surface de ma terre.

Seigneur, montre à ta servante ta grandeur et ta main puissante ; car aucun dieu, au ciel et sur la terre, ne peut imiter tes œuvres et tes hauts faits.

Seigneur, apprends à ta servante à te craindre tout le temps qu'elle vivra sur la terre.

Du ciel, fais moi entendre ta voix pour m'instruire !

Ô Dieu, c'est à toi qu'appartient les cieux et les cieux des cieux, la terre et tout ce qu'elle renferme.

Que nos jours et les jours de nos enfants soient nombreux que les jours des cieux le seront au-dessus de la terre !

Que je sois un peuple qui t'appartient en propre parmi tous les peuples qui sont sur la surface de la terre !

Que je ne sois pas dispersée d'une extrémité de la terre à l'autre !

Que ma terre soit bénie de toi par les largesses du ciel, que ma terre soit bénie de toi par la rosée,

que ma terre soit bénie de toi par l'eau qui s'étale dans les profondeurs, que ma terre soit bénie de toi par les largesses des produits du soleil, que ma terre soit bénie de toi par les largesses de ce qui germe chaque mois, que ma terre soit bénie de toi par les prémices des antiques montagnes, que ma terre soit bénie de toi par les largesses des collines, que ma terre soit béni de toi par les largesses de la terre et de

Prières d'une Saskatchewanaise pour son ranch

ce qu'elle renferme.

Que ta faveur vienne sur ma terre !

Ô Dieu, toi qui es Dieu dans les cieux, là-haut, et sur la terre ici-bas ; que l'arche de ton alliance passe devant moi.

Ô Dieu, Seigneur de toute la terre, pose la plante de tes pieds sur mon chemin afin que les aux se partagent pour me frayer un chemin afin que tous les peuples de la terre le sachent et qu'ils aient ta crainte.

Ô Dieu, que le chef de ton armée arrive maintenant et passe au devant de moi.

Je me prosterne le visage contre terre et je recherche ta parole tous les jours, réponds à ta servante.

Qu'aucune personne ne m'enveloppe et ne fasse disparaître notre nom de cette terre !

Qu'aucun de ceux qui sont avec moi, qu'aucun de mes salariés et qu'aucun immigrant temporaire voyant un manteau d'une rare beauté, des sicles d'argent et un lingot d'or n'en ait envie, ne les prenne, ne les cache dans ma maison, au milieu de ma terre !

Ô Dieu, accorde-moi une faveur, car tu m'as placée dans cette terre ; donne-moi aussi des fontaines d'eau : les fontaines supérieures et les fontaines inférieures.

Que je sois en sécurité !

Que ma terre soit vaste ;

Que ce soit un endroit où rien ne manque de tout ce qu'il y a sur la terre !

Que ma terre m'appartienne !

Que j'obtienne ta faveur.

Prières d'une Saskatchewanaise pour son ranch

Une maison - de la subsistance et des terres

Ô Dieu, c'est toi qui redresses l'indigent de la poussière, et du fumier relèves le pauvre, pour les faire siéger avec les notables ; et leur donner en héritage un trône de gloire ;
car à l'Éternel sont les colonnes de la terre, et c'est sur elles qu'il a posé le monde.

Ceux qui contestent avec l'Éternel seront terrifiés ;
contre eux, dans le cieux, il tonnera ;
l'Éternel jugera les extrémités de la terre.

Ô Éternel, sois avec moi, fais-moi grandir et que je ne laisse tomber à terre aucune de tes paroles !

Ô Éternel, continue à apparaître sur ma terre et révèle-toi à moi par ta parole !

Ne déchire pas nos vêtements et ne couvre notre tête de terre !

Que ta présence face tomber face contre terre tout faux dieu !

Que ta présence face tomber face contre terre tout faux dieu ; la tête et les deux mains gisant par terre !

Ô Éternel, dispose des serviteurs comme chef de mille, comme chef de cinquante, aussi bien que pour labourer mes terres, récolter ma moisson et fabriquer mes armes de guerre et l'attirail de mes chars !

Ô Éternel, prends pour moi les meilleurs des champs, des vignes et des oliviers !

Ô Éternel, que ce soit avec toi que j'agisse en toute chose,
Et que je sois sauvée par ta main !

Que je ne sois pas donnée aux oiseaux du ciel et aux animaux de la terre.

Que j'ôte mes vêtements, que je prophétise devant toi, et que je me jette nue par

Prières d'une Saskatchewanaise pour son ranch

terre tout le jour et toute la nuit ;

afin que l'on dise : la Saskatchewanaise est-elle aussi parmi les prophétesses ?

Que je ne meurs pas et ne retranche jamais ta bienveillance envers ma maison !

Qu'il y ait de la sécurité pour moi et pour ce qui est m'appartient,

Et que je sois digne de vie !

Je m'incline le visage contre terre et je me prosterne au devant de toi, ô mon roi.

Je tombe sur ma face en présence de toi, ô grand roi, et je me prosterne contre terre.

Je me lève et je dis : Voici, ta servante sera une esclave pour laver les pieds des serviteurs de mon seigneur.

Que ma lance ne soit pas fixée en terre à mon chevet !

Que personne ne me frappe de ma lance et ne me cloue en terre d'un seul coup !

Ô ! Que mon sang ne tombe pas en terre loin de la face de l'Éternel ;

Et que le Roi des rois ne parte pas en guerre pour chercher une simple puce comme on chasserait la perdrix dans les montagnes !

Que mes vêtements ne soient pas déchirés et que ma tête ne soit pas couverte de terre !

Que je ne sois pas exterminée de ma terre.

Ô Éternel, sois avec moi partout où je vais marcher, extermine tous mes ennemis devant moi, et rends mon nom grand comme le nom des grands sur la terre !

Ô Éternel, fais-moi du bien à cause de ton fils unique, le fils unique du Dieu vivant, celui qui n'a point de commencement de jour ni de fin.

Ô Éternel, fais-moi du bien en me donnant des serviteurs qui cultiveront la

Prières d'une Saskatchewanaise pour son ranch

terre pour moi, et qui rentreront mes récoltes, afin que les fils de ta servante aient à manger ; et ta servante marchera en permanence dans ta présence.

Ô Éternel, fais-moi du bien en m'oignant et en changeant mes vêtements.

Ô Éternel, fais-moi du bien en me donnant un héritier pour laisser à mon mari un nom et un survivant.

Ô Éternel, fais-moi du bien en me rendant sage comme un ange de Dieu, pour connaître tout ce qui se passe sur ma terre.

Fais-moi du bien en me permettant de partager tes terres.

Fais-moi du bien et que je sois pareil à la lumière du matin, quand le soleil se lève par un matin sans nuages ; et que par son éclat et par la pluie la verdure sort de la terre

J'entre dans ta présence et je me prosterne devant toi, ô Roi des rois.

J'incline mon visage contre terre, et me prosterne devant le roi du ciel et de la terre : Vive à jamais mon Seigneur le Roi des rois !

Que la terre soit ébranlée de cris de joie !

Fortifie-moi et et que je sois une femme.

Que les gens de tous les peuples viennent pour entendre ta sagesse au travers de moi, de la part de tous les rois de la terre !

Garde l'alliance et la miséricorde envers ta servante qui marche en ta présence de tout cœur.

Les cieux des cieux ne peuvent te contenir combien moins encore ma terre,

toute fois, Éternel, mon Dieu, sois attentif à la prière de ta servante et à sa supplication pour écouter le cri et la prière que ta servante t'adresse aujourd'hui.

Exauce-moi des cieux, pardonne à ta servante à qui tu as enseigné la bonne voie dans laquelle elle doit marcher, et fais venir la pluie sur la terre que tu as donnée

Prières d'une Saskatchewanaise pour son ranch

en héritage à ta servante

Exauce-la des cieux, du lieu de ta demeure, et accorde à ta servante tout ce qu'elle te demandera, afin que tous les peuples de la terre connaissent ton nom pour te craindre, comme ta servante, et sachent que ton nom est invoqué sur cette terre.

Donne-moi une maison, charge-toi de ma subsistance, et accorde moi des terres.

Que ma maison ne soit pas détruite de dessus la face de la terre !

Éternel !

toi qui es dans un doux et subtil murmure, et non dans un grand vent violent qui déchire les montagnes et brise les rochers ;

Éternel !

toi qui es dans un doux et subtil murmure, et non dans le vent ;

Éternel !

toi qui es dans un doux et subtil murmure, et non dans un tremblement de terre ;

Éternel !

toi qui es dans un doux et subtil murmure, et non dans le feu ;

Je viens à ta rencontre et je me prosterne contre terre devant toi !

Voici, je reconnais qu'il n'y a point de Dieu sur toute la terre, si ce n'est toi !

Et maintenant, Dieu Tout-Puissant, reçois la louange de ta servante !

Tout le jour je viens dans ta présence et même la nuit je ne m'arrête pas ; qu'ainsi je puisse battre plusieurs fois mon adversaire.

Éternel, Dieu des cieux et de la terre, assis sur un trône élevé ! C'est toi qui es le seul Dieu de tous les royaumes de la terre, c'est toi qui as fait les cieux et la terre ; il est vrai que mon ennemi a exterminé les nations et leurs pays, il a jeté leurs dieux

Prières d'une Saskatchewanaise pour son ranch

au feu — en fait, ceux-là n'étaient pas des dieux, mais des ouvrages de mains d'hommes, du bois et de la pierre — et il les a anéantis ;
Maintenant, mon Dieu, sauve-moi de mon adversaire, et que tous les royaumes de la terre reconnaissent que toi seul, Éternel, es Dieu.

Que je commence à être puissante sur ma terre !

Que ma terre ne soit pas partagé,

Et que tes jugements soient exercés sur toute la terre.

Que de jour en jour ton salut soit annoncé ! Car le monde est affermi et il ne chancelle pas.

Que l'on dise parmi les nations : l'Éternel règne.

Que les arbres des forêts poussent des cris de joie devant toi, Éternel ! Car tu viens pour juger la terre !

Sois avec moi partout où je marche et rends mon nom semblable au nom des grands qui sont sur la terre !

Que ton épée ne se tourne jamais contre moi et ma terre !

Que ton épée ne se tourne jamais contre les ouvriers qui cultivent ma terre !

Tout ce qui est au ciel et sur la terre t'appartient, et tu es élevé souverainement au-dessus de tout.

Nous sommes devant toi des étrangers et des résidents temporaires, et nos jours sur la terre sont comme l'ombre.

C'est de ta main que vient toute abondance de biens ;

tout t'appartient ; c'est toi qui as fait les cieux et la terre.

Donne-moi d'être une femme sage, prudente et intelligente qui va te bâtir une maison !

Prières d'une Saskatchewanaise pour son ranch

Garde ton alliance et ta miséricorde envers ta servante qui marche en ta présence de tout son cœur !

Rends-moi grande selon ta promesse !

Étends tes regards sur ce que tu m'as donné et tout ce qui est à moi par toi !

Soutiens-moi et que je n'ai pas de guerres !

Donne-moi la terre et commande-moi de te bâtir une maison !

Donne la vie à tout ce qui se trouve sur ma terre ! Car la terre et tout ce qui est sur elle est à toi.

Donne-moi de devenir maîtresse de villes fortifiées et de terres fertiles ;

que je possède des maisons remplies de toutes sortes de biens,

que je possède des citernes creusées,

que je possède des vignes, que je possède des oliviers, et que je possède des arbres fruitiers en abondance ;

que je mange, moi et tous ceux qui sont sur la terre que tu m'as donnée ;

que je m'engraisse, moi et tous ceux qui sont sur la terre que tu m'as donnée ;

que je vive par ta bonté dans les délices, moi et tous ceux qui sont sur la terre que tu m'as donnée !

Que je jouisse de la terre que tu m'as donnée, que je jouisse de ses fruits et des ses biens.

Prières d'une Saskatchewanaise pour son ranch

Le don de Dieu

Ô Éternel, que je ne parcours pas la terre pour m'y promener mais que je demeure dans ta présence.

Qu'il n'y ait personne comme moi ;

que je sois intègre et droite,

que je te craigne et que je m'éloigne du mal.

Ô Éternel, ne reprends pas tout ce que tu m'as donné.

Ô Éternel, que je ne parcours pas la terre pour m'y promener mais que je demeure dans ta présence.

Qu'il n'y ait personne comme moi ;

que je sois intègre et droite,

que je te craigne et que je m'éloigne du mal.

Répands la pluie sur ma terre, et envoie l'eau à la surface de mes champs.

Que je me rie de la dévastation comme de la disette ;

et que je ne craigne pas les animaux de la terre.

Que les animaux des champs soient en paix avec moi.

Que ma terre ne tremble pas sur sa base et que ses colonnes ne soient pas ébranlées !

Que ma terre ne soit pas livrée au mains des méchants.

Que je parle à ma terre et qu'elle m'instruise, que je parle aux poissons de la mer et qu'ils me le racontent !

Chez eux il y a la preuve que la main de l'Éternel a tout fait.

À lui le conseil et l'intelligence !

S'il détruit, on ne peut rebâtir ;

Prières d'une Saskatchewanaise pour son ranch

s'il enferme un homme, on ne peut ouvrir.

S'il retient les eaux, tout se dessèche ;

s'il les lâche, elles bouleversent la terre.

En lui, la force et la raison ;

à lui celui qui s'égare et fait égarer les autres.

Que pour mes arbres, il y ait de l'espérance :

si on les coupe, qu'ils repoussent, que leurs rejetons ne manquent pas ;

si leurs racines vieillissent dans la terre, si leur tronc meurent dans la poussière,

qu'ils fleurissent à l'approche de ton eau,

qu'ils produisent des rameaux comme une jeune plante !

Ne fais pas périr mon espérance, comme les eaux qui usent les pierres et la terre qui est emportée par leur courant !

Que la prospérité s'étende sur la terre !

Que ma bile ne soit pas répandue sur ma terre !

Ô Terre, ne couvre point mon sang !

Que ma terre ne soit pas abandonnée.

Que le cordeau ne soit pas caché sur ma terre pour me prendre.

Que ma mémoire demeure sur la terre et que mon nom soit sur la surface des champs.

Ô mon jute rédempteur !

Lève-toi le dernier sur la terre.

Place-moi sur la terre.

Que le triomphe des méchants soit court ;

et que la joie des impies soit momentanée !

Que la terre ne s'élève pas contre moi !

Prières d'une Saskatchewanaise pour son ranch

Que la terre d'où sort le pain, ne soit pas bouleversée dans ses profondeurs tout comme par un feu !

Que la sagesse se trouve dans ma demeure !

Fais-moi voir jusqu'aux extrémités de la terre et que j'aperçoive tout sous les cieux !

Que ma terre ne crie pas contre moi !

Que je sois chargée de gouverner la terre que tu m'as donnée ;

toi qui ne penses pas à toi même.

Tu m'instruis plus que les bêtes de ma terre et tu me donnes de la sagesse plus qu'aux oiseaux du ciel.

Tu dis à la neige : tombe sur la terre !

Tu le dis à l'averse, à la pluie, même au plus fortes averses.

Tous reconnaîtront tes œuvres.

Saisi les extrémités de la terre, et que les méchants en soient secoués.

Que ma terre se transforme comme l'argile qui reçoit un empreinte, et qu'elle soit parée comme d'un vêtement.

Que je considère l'immensité de la terre.

Que je sache par où le vent d'orient se répand sur la terre.

Fais-moi connaître les lois du ciel ; et que je fasse attention à la terre, à son organisation.

Fais-moi comprendre les nuages.

Que la terre salée ne soit pas ma demeure !

Que ce qui m'appartient et que tu m'as donné ne soit pas abandonné à la terre !

Que nul ne soit mon maître sur la terre que tu m'as donnée !

Prières d'une Saskatchewanaise pour son ranch

Que les rois de la terre ne se soulèvent pas et que les princes ne se liguent pas contre ton oint.

L'éternel me donnera les extrémités de la terre pour possession.

Et maintenant, rois, conduisez vous avec sagesse ! Juges de la terre, recevez instructions !

Éternel, notre Seigneur ! que ton nom est magnifique sur toute la terre.
toi qui établis ta majesté au-dessus des cieux.

Éternel, notre Seigneur ! que ton nom est magnifique sur toute la terre.

Les paroles de l'Éternel sont des paroles pures ; un argent éprouvé au creuset de la terre, et sept fois épuré.

Toutes les extrémités de la terre se souviendront de l'Éternel et se tourneront vers lui ; toutes les familles des nations se prosterneront devant sa face.

A l'Éternel la terre et ce qui la remplit, le monde et ceux qui l'habitent.

Ô si je n'étais pas sûre de contempler la bonté de l'Éternel sur la terre des vivants !...

car la parole de l'Éternel est droite, et toute son œuvre s'accomplit avec fidélité ; il aime la justice et le droit ; la bienveillance de l'Éternel remplit la terre !

Que toute la terre craigne l'Éternel !

Que tous les habitants du monde tremblent devant lui !

Du lieu de sa demeure il observe tous les habitants de la terre !

L'Éternel tourne sa face contre ceux qui font le mal, pour retrancher de la terre leur œuvre !

C'est pourquoi nous sommes sans crainte quand la terre est bouleversée et que les montagnes chancellent au cœur des mers !

Des nations grondent, des royaumes chancellent ; il fait entendre sa voix : la

Prières d'une Saskatchewanaise pour son ranch

terre se dissout.

Venez, contemplez les œuvres de l'Éternel, la désolation qu'il a mise sur la terre !

C'est lui qui fait cesser les guerres jusqu'au bout de la terre ; il brise l'arc et rompt la lance, il consume par le feu les arcs de guerre.

Car l'Éternel, le Très-Haut, est redoutable, il est un grand roi sur toute la terre.

Car Dieu est roi de toute la terre : Psalmodiez un poème !

Belle est la colline, réjouissante toute la terre, la montagne du Seigneur ; du côté de nord, la ville du grand roi.

Dieu, Dieu, l'Éternel, parle et convoque la terre, depuis le soleil levant jusqu'au couchant.

Il crie vers les cieux en haut et vers la terre en bas, pour juger son peuple.

Élèves-toi des cieux !

Que ta gloire soit sur toute la terre !

Et les humains diront : oui, il y a une récompense pour le juste ; oui il y a un Dieu qui exerce le jugement sur la terre !

Tu as ébranlé la terre, tu l'as déchirée : Répares ses cassures, car elle chancelle.

Du bout de la terre je crie à toi, le cœur abattu ; conduis-moi sur le rocher trop élevé pour moi !

Ô Dieu ! tu es mon Dieu, je te cherche, mon âme a soif de toi, mon corps soupire après toi, dans une terre aride desséchée, sans eau.

Ceux qui cherchent à détruire ma vie iront dans les profondeurs de la terre !

Lancez une clameur vers Dieu habitants de toute la terre !

Toute la terre se prosterne devant toi et psalmodie en ton honneur, elle psalmodie en l'honneur de ton nom.

Prières d'une Saskatchewanaise pour son ranch

Il changea la mer en terre sèche, on traversa le fleuve à pied : C'est là que nous nous sommes réjouis en lui !

Les foules se réjouissent et triomphent ; car tu juges les peuples avec droiture, et tu conduis les foules sur la terre.

La terre donne ses produits, Dieu, notre Dieu, nous bénit.

Dieu nous bénit, et toutes les extrémités de la terre le craignent.

Royaume de la terre, chantez à Dieu, psalmodiez en l'honneur du Seigneur.

Que les cieux et la terre le louent ; les mers et tout ce qui s'y déplace.

Tu nous as fait éprouver bien des détresses et des malheurs ; mais tu nous redonneras la vie, tu me feras remonter des abîmes de la terre !

Il dominera d'une mer à l'autre, et du fleuve aux extrémités de la terre.

Les blés abonderont dans le pays, au sommet des montagnes, et leurs épis s'agiteront ; les hommes fleuriront dans les villes comme l'herbe de la terre.

Qui d'autre ai-je au ciel ? En dehors de toi, je n'ai aucun plaisir sur la terre.

Dieu est mon roi dès les temps anciens, lui qui opère des délivrances au milieu de la terre.

C'est toi qui a fixé toutes les limites de la terre. L'été et l'hiver, c'est toi qui les a fondé.

Il coupe le souffle aux chefs, il est redoutable pour les rois de la terre.

Au bruit de ton tonnerre dans le tourbillon, les éclairs illuminèrent le monde ; la terre s'agita et trembla.

Il a bâtit son sanctuaire comme les lieux élevés, comme la terre qu'il a fondé pour toujours !

Lève-toi, ô Dieu, juge de la terre !

car tu as un héritage dans toutes les nations.

Prières d'une Saskatchewanaise pour son ranch

Qu'ils reconnaissent que toi seul, dont le nom est l'Éternel, tu es le Très-Haut sur toute la terre.

La vérité germe de la terre, et la justice se penche du haut des cieux.

A toi le ciel, à toi aussi la terre ; le monde et ce qui le remplit, c'est toi qui les as fondé.

Avant que les montagnes soient nées, et que tu aies donné un commencement à la terre et au monde, d'éternité en éternité tu es Dieu.

Lève-toi, juge de la terre ! pour rendre aux orgueilleux selon leur œuvre !

Chantez à l'Éternel un cantique nouveau ! chantez à l'Éternel, toute la terre !

Prosternez vous devant l'Éternel avec des ornements sacrés.

Tremblez devant lui, terre entière !

Que les cieux se réjouissent et que la terre soit dans l'allégresse, que la mer retentisse, avec tout ce qui la remplit.

L'Éternel règne : que la terre soit dans l'allégresse, que les îles nombreuses se réjouissent !

Ses éclairs illuminent le monde, la terre le voit et tremble.

Les montagnes fondent comme de la cire devant l'Éternel, devant le Seigneur de toute la terre.

Car toi, Éternel, tu es Très-Haut sur toute la terre, tu es souverainement élevé au-dessus de tous les dieux.

Il s'est souvenu de sa bienveillance et de sa fidélité envers la maison de sa servante, toutes les extrémités de la terre ont vu le salut de notre Dieu.

Lance une joyeuse clameur vers l'Éternel, terre entière ! faites éclater vos acclamations et psalmodiez.

Car il vient pour juger la terre ; il jugera le monde avec justice, et les peuples

Prières d'une Saskatchewanaise pour son ranch

avec droiture.

L'Éternel, règne : les peuples tremblent ;

il siège entre les chérubins : la terre chancelle.

Alors les nations craindront le nom de l'Éternel, et tous les rois de la terre ta gloire.

Car il se penche du haut de son lieu saint ; des cieux l'Éternel regarde sur la terre.

Tu as autrefois fondé la terre, et les cieux sont l'ouvrage de tes mains.

Mais autant les cieux sont élevés au-dessus de la terre, autant sa bienveillance est efficace pour ceux qui le craignent ; autant l'orient est éloigné de l'occident, autant il éloigne de nous nos offenses.

Il a établit la terre sur ses fondements, à tout jamais elle est inébranlable.

Tu as posé une limite que les eaux ne doivent pas franchir afin qu'elles ne reviennent pas couvrir la terre.

De ses hautes demeures il arrose les montagnes ; la terre est rassasiés du fruit de tes œuvres.

Il fait germer l'herbe pour le bétail, et les plantes pour le service des humains, pour tirer le pain de la terre ;

Que tes œuvres sont en grand nombre Éternel ! Tu les as toutes faites avec sagesse.

La terre est remplie de ce que tu possède.

Tu envoie le souffle et ils sont crées, et tu renouvelle la face du sol.

Il regarde la terre, et elle tremble ;

il touche les montagnes et elles fument.

Que les pécheurs disparaissent de la terre, et que les méchants ne soient plus !

Prières d'une Saskatchewanaise pour son ranch

Mon âme, bénit l'Éternel !

Louez l'Éternel !

C'est lui l'Éternel, notre Dieu, ses jugements s'exercent sur toute la terre.

Il leurs donna les terres des nations et du travail des peuples, ils possédèrent le fruit,

afin d'observer ses prescriptions et d'observer ses lois.

Louez l'Éternel !

Il change les fleuves en désert et les sources d'eaux en terre desséchée, le pays fertile en pays salé, à cause de la méchanceté des habitants.

Il change l'étang en désert et la terre aride en sources d'eaux,

et il y fait habiter les affamés.

Ils fondent une ville habitable ; ils ensemencent des champs, plantent des vignes qui produisent du fruit abondant.

Il les bénit ils deviennent très nombreux, et il ne diminue pas leur bétail.

Élèves-toi sur les cieux, ô Dieu, et que ta gloire soit sur toute la terre !

Les cieux sont les cieux de l'Éternel, mais il a donné la terre aux êtres humains.

Je marcherai devant l'Éternel, sur la terre des vivants.

Je suis un étranger sur la terre : Ne me cache pas tes commandements !

Ta bienveillance, ô Éternel, remplit la terre ; enseignes-moi tes prescriptions.

Ta fidélité dure de génération en génération. Tu as affermi la terre et elle subsiste.

Tu élimines comme des scories tous les méchants de la terre ; c'est pourquoi j'aime tes préceptes.

Le secours me vient de l'Éternel qui a fait les cieux et la terre.

Prières d'une Saskatchewanaise pour son ranch

Notre secours est dans le nom de l'Éternel, qui a fait les cieux et la terre.

Tout ce que l'Éternel veut, il le fait, dans les cieux et sur la terre, dans les mers et dans les abîmes.

Comment chanterions-nous le cantique de l'Éternel sur un sol étranger ?

Tous les rois de la terre te célébreront, Éternel !

En entendant les paroles de ta bouche ; ils chanteront selon les directives de l'Éternel, car la gloire de l'Éternel est grande.

Mon corps n'était pas caché devant toi, lorsque j'ai été fait en secret, tissé dans les profondeurs de la terre.

Quand je n'étais qu'une masse informe, tes yeux me voyaient, et sur ton livre étaient tous inscrits les jours qui étaient fixés, avant qu'aucun d'eux n'existe.

Le beau parleur ne s'affermira pas sur la terre ; et l'homme violent, le malheur le pourchassera sans tarder.

Éternel ! C'est à toi que je crie.

Je dis tu es mon refuge, mon partage sur la terre des vivants.

J'étends mes mains vers toi ; mon âme est devant toi comme la terre épuisée.

L'Éternel aide les humbles, il abaisse les méchants jusqu'à terre.

Il couvre les cieux de nuages, il prépare la pluie pour la terre ; il fait germer l'herbe sur les montagnes.

Il envoie sa promesse sur la terre ;

sa parole court avec rapidité.

Louez l'Éternel depuis la terre, monstres marins et vous tous abîmes, feu et grêle, neige et brouillard, vent de tempête, exécuteur de sa parole, montagnes et toutes les collines, arbres fruitiers et tous les cèdres, animaux et tout le bétail, reptiles et oiseaux ailés, rois de la terre et tous les peuples, princes et tous les juges de la terre,

Prières d'une Saskatchewanaise pour son ranch

jeune homme et jeune fille, vieillards et enfants !
    Car son nom est élevé ; sa majesté domine la terre et les cieux.

Prières d'une Saskatchewanaise pour son ranch

Le salaire de Dieu

Éternel, c'est avec sagesse que tu as fondé ma terre, c'est avec intelligence que tu as affermis les cieux, c'est par ta science que les abîmes se sont ouverts, et que les nuages distillent la rosée.

Par toi gouvernent les chefs, les notables, tous les juges de la terre.

Tu es établi depuis l'éternité, dès le commencement avant l'origine de ma terre.

Ma terre n'avait pas encore été faite, ni mes campagnes, ni le premier grain de la poussière du monde.

Lorsqu'une limite fût donnée à la mer, pour que les eaux n'en franchissent pas les bords, lorsque les fondements de ma terre fût tracés.

Tu jouais sur la surface de ma terre.

Que je reçoive mon salaire !

Que la sagesse soit tout près de moi !

Que mes yeux n'aillent pas à l'extrémité de la terre !

Que je n'habite pas avec un homme irritable et querelleur !

Que personne ne puisse scruter ma terre dans sa profondeur !

Qu'une bonne nouvelle me vienne d'une terre lointaine !

Tu es monté au ciel et tu en es descendu.

Tu as recueilli le vent dans tes poings.

Tu as serré les eaux dans un vêtement.

Tu as établis toutes les extrémités de la terre.

Ton nom est éternel et le nom de ton fils n'a pas de commencement ni de fin.

Et c'est toi qui me donnes le savoir.

Que mes dents ne soient pas des épées !

Prières d'une Saskatchewanaise pour son ranch

Que mes mâchoires ne soient pas des couteaux !

Que je ne dévore pas et ne fasse pas disparaître de la terre que tu m'as donnée les malheureux !

Que je n'humilie pas de la terre que tu m'as donnée les pauvres !

Que je sois rassasiée et que ma terre le soit aussi !

Que je ne tremble pas et que ma terre ne tremble pas !

Lorsqu'un esclave viendrait à régner, lorsqu'un fou serait rassasié, lorsqu'une femme dédaignée se marierait et qu'une servante hériterait de sa maîtresse,

que je ne tremble pas et que ma terre ne tremble pas !

Que mes animaux ne soient pas les plus petits de la terre !

Lorsqu'une génération s'en ira et qu'une autre viendra, que ma terre subsiste.

Fais-moi connaître le souffle des humains et celui des bêtes !

Fasse que je ne me presse pas pour ouvrir la bouche, et que mon cœur ne se hâte pas d'exprimer une parole devant toi, ô Dieu, car tu es dans le ciel et moi sur la terre.

Que mes paroles soient donc peu nombreuses !

Fasse qu'il y ait sur ma terre des hommes justes.

Que sur ma terre le sort des justes ne soient pas conforme aux œuvres des méchants !

Que sur ma terre le sort des méchants ne soient pas conforme aux œuvres des justes !

Que je prenne à cœur de connaître la sagesse !

Que je prenne à cœur de voir le souci que l'on se fait sur la terre !

Que des princes ne marchent pas à terre tandis que des esclaves sont sur chevaux !

Prières d'une Saskatchewanaise pour son ranch

Que je jette mon pain sur les eaux et qu'avec le temps je le retrouve !

Que j'en donne une part à sept et même à huit, car personne ne sait quel malheur peut arriver sur la terre !

Que les fleurs paraissent sur ma terre ;

Que le temps de psalmodier arrive ;

Et que la tourterelle se fasse entendre dans ma terre !

Mon bien-aimé, descends à ton jardin, au parterre d'aromates, pour me faire paître dans les jardins, et pour cueillir les lis !

Mon bien-aimé, descends à ton jardin.

Prières d'une Saskatchewanaise pour son ranch

Il ne sommeille ni ne dort

Cieux écoutez !
Ma terre, prête l'oreille !
car l'Éternel parle.
Il nous nourrira,
il nous éduquera,
et nous ne nous révolterons pas contre lui.
Comme le bœuf connaît son possesseur ;
nous le connaîtrons.
Comme l'âne connaît la crèche de son maître ;
nous le connaîtrons.
Nous n'entrerons pas dans les cavernes des rochers et dans les profondeurs de la poussière.
Nous n'irons pas loin de l'éclat de sa majesté, quand il se lèvera pour épouvanter la terre.
Nous n'entrerons pas dans les fentes des rochers et dans les creux des rocs.
Nous n'irons pas loin de l'éclat de sa majesté, quand il se lèvera pour épouvanter la terre.
Nous ne gémirons pas et nous ne serons pas dans le deuil.
Nous ne serons pas dépouillées, nous ne nous assiérons pas par terre.
Il élève une bannière pour nous ;
et voici qu'il arrive avec promptitude et légèreté.
Chez lui, nul n'est fatigué, nul ne trébuche,
il ne sommeille, ni ne dort ;

Prières d'une Saskatchewanaise pour son ranch

aucun n'a la ceinture de ses reins détachée, ni la courroie de ses sandales rompue.

Ses flèches sont aiguisées et tous ses arcs bandés ; les sabots de ses chevaux font penser à la pierre et les roues de ses chars à un tourbillon.

Son rugissement est comme celui d'une lionne ;

il rugit comme des lionceaux, il gronde, il saisit sa proie, il l'emporte, et personne ne vient la délivrer.

En ce jour on nous regardera et voici la lumière, la paix et les ténèbres ne seront que lumières.

Saint, saint, saint tu es, Éternel des armées !

Toute la terre est pleine de ta gloire.

Nous ne serons pas repoussées dans d'épaisses ténèbres.

les ténèbres ne régneront pas toujours sur la terre où il y a maintenant des angoisses : si un premier temps m'a rendue négligeable moi et ma terre, le temps à venir me donnera la gloire.

La main de Dieu trouvera, comme un nid, la richesse des peuples, et comme on amasse des œufs, il amassera toute la terre.

L'esprit de l'Éternel reposera sur moi et ma terre :

Esprit de sagesse et d'intelligence

Esprit de conseil et de vaillance

Esprit de connaissance et de crainte de l'Éternel

Je jugerai les pauvres avec justice, avec droiture je serai l'arbitre des malheureux de ma terre ;

je frapperai ma terre du sceptre de sa parole, et du souffle de mes lèvres je ferai mourir la méchanceté.

Prières d'une Saskatchewanaise pour son ranch

Il ne se fera ni tort, ni dommage sur toute ma terre ; car la connaissance de l'Éternel remplira ma terre, comme les eaux couvrent le fond de la mer.

Il élèvera une bannière pour ma terre,

il rassemblera les bannis de ma terre,

et il recueillera les dispersés de ma terre des quatre coins des nations de toute la terre.

Psalmodions en l'honneur de l'Éternel, car il a fait des choses magnifiques : qu'elles soient connues par toute la terre !

Le jour de l'Éternel arrivera, jour cruel, jour de courroux et d'ardente colère,

qui réduira la terre des nations en désolation, qui en exterminera les pécheurs.

Les cieux seront ébranlés, et la terre des nations sera secouée sur sa base, par le courroux de l'Éternel des armées et par le jour de son ardente colère.

Toute ma terre jouit du repos et du calme ;

on éclate en chant d'allégresse !

Quoi donc !

Tu es tombé du ciel, astre brillant, fils de l'aurore !

Tu es abattu par terre,

toi le dompteur des nations !

Il ne dira plus en son cœur :

je monterai au ciel,

j'élèverai mon trône au-dessus des étoiles de Dieu

je siégerai sur la montagne de la rencontre des dieux au plus profond du nord ;

je monterai sur le sommet des nués,

je serai semblable au Très-Haut !

Mais tu as été précipité dans le séjour des morts au plus profond d'une fosse.

Prières d'une Saskatchewanaise pour son ranch

Ceux qui te voient fixeront sur toi leurs regards, ils considéreront attentivement :

Est-ce là cet homme qui faisait trembler la terre,

qui ébranlait les royaumes,

qui réduisait le monde en désert,

qui ravageait ses villes et ne relâchait pas ses princes ?

Ma terre et moi ne seront plus conquises ;

ma terre et moi ne seront plus remplies d'hostilité.

Ô Éternel, mon Dieu, que je ne sois pas moi et ma terre abandonnée aux oiseaux de proie des montagnes et aux bêtes de la terre ;

que les oiseaux de proie ne passent pas l'été sur nos cadavres et que toutes les bêtes de la terre n'y passent pas l'hiver !

Nos offrandes te seront alors apportées.

Que mon cœur ne s'égare pas,

que la terreur ne s'empare pas de moi !

Que la nuit de mes plaisirs ne soient pas une nuit d'épouvante !

Que je ne me brise pas par terre !

Que je ne sois pas bâillonnée d'un bâillon,

que je sois pas roulée, roulée comme une balle, sur une terre spacieuse et que je ne meurs pas !

Que je ne sois pas blessée,

que je ne sois pas humiliée.

Que je ne me prostitue pas moi et ma terre à tous les royaumes du monde, sur la face de la terre !

Que la frayeur, la fosse et le filet ne soient pas sur moi et ma terre.

Prières d'une Saskatchewanaise pour son ranch

Que je ne fuis pas au fracas de la frayeur et que je ne tombe pas dans une fosse moi et ma terre !

Que je ne sois pas prise au filet moi et ma terre !

Que les écluses d'en haut ne s'ouvrent pas,

que les fondements de ma terre ne soient pas ébranlées !

Que moi et ma terre nous ne nous fissurions pas,

que moi et ma terre nous ne craquions pas,

que moi et ma terre nous ne soyons pas secouées,

que moi et ma terre nous ne titubions pas comme titube l'ivrogne,

que moi et ma terre nous ne vacillions pas comme une cabane ;

qu'aucun crime ne pèse contre moi et ma terre

que moi et ma terre nous ne tombions pas.

Que moi et ma terre nous ne soyons pas châtiées !

Que le voile qui nous voile moi et ma terre soit anéanti,

que la couverture qui nous couvre moi et ma terre soit anéantie ;

que la mort qui nous encercle moi et ma terre soit anéanti !

Que mes larmes moi et ma terre soient essuyées,

que le déshonneur disparaisse de moi et de ma terre.

Que je ne sois pas renversée moi et ma terre,

que je sois pas abaissée moi et ma terre ;

que je ne sois pas abaissée jusqu'à terre moi et ma terre,

que je ne touche pas la poussière moi et ma terre !

Que mon âme te désire moi et ma terre pendant la nuit,

que mon esprit aussi, au-dedans de moi te cherche !

Que mes morts revivent.

Prières d'une Saskatchewanaise pour son ranch

Que mes cadavres se relèvent !

Réveillez-vous et tressaillez de joie, habitants de la poussière !

Car ta rosée, ô mon Dieu mon roi est une rosée de lumière, et ma terre redonnera le jour aux défunts !

Car voici que tu sors de ta demeure pour châtier la faute des habitants de la terre ;

et la terre découvrira le sang, elle ne couvrira plus ceux qui ont été tués.

Que vienne de ta part, Éternel, un homme fort et courageux,

comme une averse de grêlons, un ouragan destructeur

comme une pluie qui précipite des torrents d'eaux pour faire tomber à terre la couronne orgueilleuse des ivrognes, la fleur fanée, ornement de sa parure, en haut de la vallée fertile et ceux qui sont assommés par le vin !

Que l'alliance avec la maison de la servitude soit brisée comme on brise la jarre des potiers que l'on casse sans ménagement et dont les débris ne laissent pas un morceau pour prendre du feu au foyer ou pour puiser de l'eau à la citerne !

Que ta pluie se répande sur moi, ma terre et ma semence que j'aurai mise en terre,

et que le pain que je produirai moi et ma terre soit substantiel ;

que mes troupeaux paissent dans de vastes pâturages !

Que mon bétail mange un fourrage salé vanné avec la fourche et le van !

Qu'il y ai des ruisseaux et des courants d'eau sur mes montagnes et sur mes collines !

Que la lumière de la lune soit comme la lumière du soleil, et que la lumière du soleil soit sept fois plus grande — comme la lumière de sept jours —, le jour où tu bandes ma blessure et que tu guéris la plaie de mes coups !

Prières d'une Saskatchewanaise pour son ranch

Règne selon la justice, ô mon roi.

Gouverne selon le droit, ô mon prince.

Que je sois moi et ma terre et chacun sur ma terre comme un abri contre le vent et un refuge contre la tempête, comme un courant d'eau dans un lieu desséché.

Comme l'ombre d'un roc massif dans une terre épuisée,

Que mes yeux moi et ma terre ne soient plus hagards !

Que mes oreilles moi et ma terre soient attentives !

Que mon cœur moi et ma terre soit intelligent pour comprendre,

et que ma langue moi et ma terre parle plus vite et nettement.

Approchez, nations, pour entendre !

Peuples, soyez attentifs !

Que ma terre écoute, elle et ce qui la remplit,

le monde et tout ce qu'il produit !

Les buffles tombent avec mon adversaire et les bœufs avec les taureaux ;

sa terre s'enivre de sang et sa poussière est imprégnée de graisse.

Les torrents de mon adversaire seront changés en goudron et sa poussière en souffre ;

et sa terre sera comme du goudron qui brûle.

— Consultez le livre de l'Éternel et lisez !

Aucun d'eux ne fera défaut —

Les uns comme les autres, aucun ne manquera ;

car sa bouche l'a ordonné.

C'est son esprit qui me rassemblera.

Il a jeté pour moi et ma terre le sort,

et sa main nous a partagé toute la terre entière au cordeau,

Prières d'une Saskatchewanaise pour son ranch

moi et ma terre nous la posséderons toujours,

nous l'habiterons d'âge en âge.

Le mirage se changera en étang et la terre de la soif en fontaine d'eau ;

dans le repaire où se couchaient les chacals,

il y aura un emplacement pour les roseaux et les joncs.

Éternel des armées, ô mon Dieu mon roi, qui sièges sur les chérubins,

c'est toi qui es le seul Dieu pour tous les royaumes de la terre, c'est toi qui as fait les cieux et la terre.

Maintenant, sauves-nous moi et ma terre,

et que tous les royaumes de la terre reconnaissent que toi seul es Éternel.

Je dis moi et ma terre : je ne verrai plus l'Éternel,

l'Éternel, sur la terre des vivants ;

je ne contemplerai plus aucun être humain parmi les habitants du monde !

Ô mon Dieu, Éternel, que ma demeure ne soit pas enlevée et transportée loin de moi et ma terre, comme une tente de berger ;

comme un tisserand, que je n'enroule pas ma vie moi et ma terre.

Que je ne sois pas arrachée du métier moi et ma terre.

Que je le reconnaisse,

que je l'entende,

qu'on me l'annonce dès le commencement,

que j'apprenne ce qu'est les fondements de la terre !

Ô mon roi, c'est toi qui habites au-dessus du cercle de la terre,

dont les habitants sont comme des sauterelles ;

tu étends les cieux comme une étoffe légère,

tu les déploies comme ta tente,

Prières d'une Saskatchewanaise pour son ranch

pour en faire ta demeure.

Tu réduis les princes à rien et tu ramènes au néant les juges de la terre ;

ils ne sont même pas plantés, pas même semés, leur tronc n'a même pas de racines en terre ;

que tu souffles sur eux, et ils se dessèchent, un tourbillon les emporte avec le chaume.

Que je le reconnaisse

que je l'entende

c'est toi le Dieu d'éternité, l'Éternel, qui as crée les extrémités de la terre ;

tu ne te fatigues ni tu ne te lasses ;

ton intelligence est insondable.

Tu m'as saisi des extrémités de la terre et tu m'as appelé de ses confins,

tu as dit : tu es ma servante, je te choisi et ne te rejette pas.

Tu feras jaillir des fleuves sur les dunes et des sources au milieu des vallées ;

tu changeras le désert en étang et la terre aride en courant d'eau.

Tu ne faibliras pas ni ne t'esquiveras, jusqu'à ce que tu établisses le droit sur la terre, et que les îles s'attendent à ta loi.

C'est toi qui as crée les cieux et qui les déploies, qui étends la terre et ses productions, qui donnes la respiration à ceux qui la peuplent et le souffle à ceux qui la parcourent.

Dis au nord : Donne !

Dis au sud : Ne retiens pas !

Fais venir mes fils de loin et mes filles de l'extrémité de la terre, quiconque s'appelle de ton nom, et que pour ma gloire tu as crée, formé et fait !

Car tu répandras des eaux sur le sol altéré et des ruisseaux sur la terre

Prières d'une Saskatchewanaise pour son ranch

desséchée ;

tu répandras de ton esprit sur ma descendance et ta bénédiction sur ma progéniture.

Cieux lancez des acclamations ! Car l'Éternel agi ;

profondeurs de la terre, poussez des clameurs !

Montagnes acclamez en acclamation !

Vous aussi, forêts, avec tous vos arbres !

Celui qui m'a façonné dès ma naissance, fait toutes ces choses, seul il déploie les cieux, de lui-même il étend la terre.

Que les cieux distillent d'en haut, et que les nués laissent couler la justice !

Que la terre s'ouvre pour que, tout ensemble, le salut y fructifie, et que la justice germe ! L'Éternel en est le créateur.

C'est lui qui a fait ma terre et qui sur elle a crée l'homme ;

c'est lui, ce sont ses mains qui ont déployé les cieux, et c'est lui qui commande toute leur armée.

C'est lui seul, le seul Dieu, qui a crée les cieux, qui a façonné ma terre et l'a formé, lui qui l'a affermit ;

il ne l'a pas crée vide, il l'a façonné pour qu'elle soit habitée. Il est l'Éternel et il n'y en a point d'autre.

Ce n'est pas en cachette qu'il a parlé, dans un lieu ténébreux de ma terre.

Il n'a pas dit à ma descendance : Cherchez-moi vainement !

Lui l'Éternel, il dit ce qui est juste, il proclame ce qui est droit.

Tournez-vous vers lui et soyez sauvés, vous tous les confins de la terre ! Car il est Dieu, il n'y en a point d'autre.

Il appelle de l'orient un oiseau de proie, d'une terre lointaine l'homme qui

Prières d'une Saskatchewanaise pour son ranch

accomplira ses projets,
    ce qu'il a dit, il le fera arriver ;
    ce qu'il a conçu, il l'exécutera.
    Descends, assieds-toi dans la poussière, vierge, fille de Babylone !
    Assieds-toi à terre, sans trône, fille des chaldéens !
    On ne t'appellera plus délicate et voluptueuse.
    Sa main a fondé la terre, et sa droite a déployé les cieux : il les appelle, et ensemble il se présentent.
    Sortez de Babylone ; fuyez du milieu des chaldéens ! Avec une voix triomphante.
    Annoncez-le, faites-le entendre ; propagez-le jusqu'au extrémités de la terre,
    dites : l'Éternel a racheté sa servante la Saskatchewanaise.
    Il dit : c'est peu de chose que je sois sa servante pour relever les tribus de son peuple et pour ramener les restes de son peuple :
    Il m'établit pour être la lumière des nations, pour que son salut soit manifesté jusqu'au extrémités de la terre.
    Cieux, acclamez !
    Terre, sois dans l'allégresse !
    Montagnes, éclatez en acclamation !
    Car l'Éternel console son peuple, il a compassion de ses malheureux.
    Des rois seront mes nourriciers et leurs princes mes nourrices ;
    ils se prosterneront devant moi la face contre terre et ils lécheront la poussière de mes pieds et je reconnaîtrai qu'il est l'Éternel, de sorte que ceux qui espèrent en lui ne seront pas honteux.
    Ainsi l'Éternel me console, il console toutes mes ruines ;

Prières d'une Saskatchewanaise pour son ranch

il rendra mon désert semblable à l'Éden et sa steppe au jardin de l'Éternel.

La gaîté et la joie se trouveront au milieu de moi, les chœurs et le chant des psaumes.

Il met ses paroles dans ma bouche et il me couvre de l'ombre de sa main, en étendant un ciel et en formant une terre, en disant à la Saskatchewanaise : tu es mon peuple !

L'Éternel découvre le bras de sa sainteté aux yeux de toutes les nations ; et toutes les extrémités de la terre verront le salut de mon Dieu.

Je me suis élevée devant lui comme un rejeton, comme une racine qui sort d'une terre assoiffée ;

je n'avais ni apparence, ni éclat pour que vous me regardiez, et mon aspect n'avait rien pour vous attirer ;

je verrai une descendance et prolongerai mes jours, et la volonté de l'Éternel s'effectuera par moi.

Car celui qui m'a fait est mon époux : l'Éternel des armées est son nom ; et mon rédempteur est le saint de Saskatchewan.

Il se nomme le Dieu de toute la terre ; car l'Éternel me rappelle comme une femme abandonnée dont l'esprit est affligé.

La compagne de jeunesse peut-elle être répudiée ? Dit mon Dieu.

Un court instant il m'avait abandonnée, mais avec une grande compassion il me recueillera ;

dans un débordement d'indignation, il m'avait un instant dérobée sa face, mais avec un amour éternel il aura compassion de moi, dit mon rédempteur, l'Éternel.

Je serai pour lui comme aux jours de Noé : il avait juré que les eaux de Noé ne se répandraient plus sur la terre ;

Prières d'une Saskatchewanaise pour son ranch

il jure de même de ne plus s'indigner contre moi et de ne plus me menacer.

Comme la pluie et la neige descendent des cieux et n'y retournent pas sans avoir arrosé, fécondé la terre et fait germer les plantes, sans avoir donné la semence au semeur et du pain à celui mange.

Aussi en est-il de la parole qui sort de sa bouche ; elle ne retourne pas à lui sans effet, sans avoir exécuté sa volonté et accompli avec succès ce pour quoi il l'a envoyée.

Oui, nous sortirons dans la joie et nous serons conduits dans la paix ;

les montagnes et les collines éclateront en acclamations devant nous, et tous les arbres de la campagne battront des mains.

Car voici que les ténèbres couvrent la terre et l'obscurité les peuples mais sur moi l'Éternel se lève, sur moi sa gloire apparaît.

En effet, comme la terre fait sortir son germe et comme le jardin fait germer ses semences, ainsi le Seigneur, l'Éternel, fera germer la justice et la louange, en présence de toutes les nations.

On ne me nommera plus : Délaissée, on ne nommera plus ma terre : Désolation ;

mais on m'appellera : elle est mon plaisir, et l'on appellera ma terre : L'épousée ;

car l'Éternel trouve son plaisir en moi, et ma terre sera épousée.

Sur mes murs, il a posté des gardes ;

qui ne doivent jamais se taire, ni jour ni nuit ;

jusqu'à ce qu'il me rétablisse.

Voici l'Éternel ;

il fait entendre ceci aux extrémités de la terre ;

Prières d'une Saskatchewanaise pour son ranch

dite à la Saskatchewanaise :

voici ton sauveur, il arrive ;

voici que le salaire est avec lui, et que les fruits de son activité le précède.

Car il crée de nouveaux cieux et une nouvelle terre ;

on ne se rappellera plus des événements du début ils ne remonteront plus à la pensée.

En effet comme les nouveaux cieux et la nouvelle terre qu'il fait, ainsi subsisteront ma descendance et mon nom.

Prières d'une Saskatchewanaise pour son ranch

Dieu donne une forme et Dieu remplit

L'Éternel se souvient de mon amour de jeune fille, de mon affection de fiancé, quand je le suivais au désert, dans une terre stérile.

J'étais consacrée à l'Éternel, j'étais les prémices de son revenu ; tous ceux qui en mangeaient se rendaient coupable, et le malheur fondait sur eux.

Rappelez ceci aux nations, faites-le connaître à la Saskatchewanaise :

des assiégeants ne viendront pas d'une terre lointaine ;

ils ne donneront pas de la voix contre les villes de son territoire.

Il regarde ma terre et voici qu'elle n'est pas informe et vide ;

il regarde mes montagnes et voici qu'elles ne sont pas ébranlées ;

et toutes mes collines ne chancellent pas.

Écoute, terre !

Voici : c'est lui qui fait venir sur toi le bonheur ; fruits de tes pensées !

Voici que sa colère, sa fureur ne se répand pas sur ce lieu, sur les hommes et sur les bêtes, sur les arbres de la campagne et sur le fruit du sol !

Nos cadavres ne seront pas la pâtures des oiseaux du ciel et des bêtes de la terre ; il y aura quelqu'un pour les troubler.

L'Éternel me l'a fait savoir, et je l'ai su.

Alors tu m'as fait voir leurs agissements.

J'étais comme un agneau confiant qu'on mène à la boucherie, et je ne connaissais pas les desseins qu'ils méditaient contre moi :

Détruisons l'arbre avec son fruit !

Retranchons-le de la terre des vivants, et qu'on ne se souvienne plus de son nom !

Prières d'une Saskatchewanaise pour son ranch

Mais l'Éternel des armées est un juste juge qui sonde les reins et les cœurs.

Je verrai la vengeance que tu tireras d'eux, car c'est à toi que j'ai confié ma cause.

En effet, la terre n'est pas crevassée, parce qu'il y a eu de la pluie dans le pays, alors les laboureurs dans leur joie ne se voilent pas la tête.

Il n'a pas définitivement rejeté la Saskatchewanaise, son âme n'est pas dégoûtée de sa servante.

Il n'interviendra pas contre moi par quatre espèces de fléaux,

il n'interviendra pas contre moi par l'épée pour me tuer,

par les chiens pour me lacérer,

par les oiseaux du ciel et des ténèbres de la terre pour me dévorer et me détruire.

Il ne rend pas mes veuves plus nombreuses que le sable de la mer ;

il n'amène pas sur moi, sur la mère du jeune homme le dévastateur, le dévastateur en plein midi ; il ne fait pas tomber sur moi l'agitation et l'épouvante.

Je ne mourrez pas de maladie.

Je ne deviendrai pas du fumier à la surface du sol.

Je ne serai pas achevé par l'épée et la famine ;

et mes cadavres ne serviront pas de pâtures aux oiseaux du ciel et aux bêtes de la terre.

Car l'Éternel est ma force, ma forteresse, ma retraite au jour de la détresse.

Terre, terre, terre,

Écoute la parole de l'Éternel

Inscrivez cette femme comme n'étant pas privée d'enfants,

comme une femme qui réussit tout dans son existence,

Prières d'une Saskatchewanaise pour son ranch

car de sa descendance, tous vont s'asseoir sur le trône et dominer.

Il établira sur moi des bergers qui me feront paître ;

je n'aurai plus peur et je ne tremblerai plus.

Il me traitera comme le lieu de la rencontre et il fera de moi une objet de bénédiction pour toutes les nations de la terre.

C'est lui qui a fait la terre, les hommes et les bêtes qui sont sur la surface de la terre, par sa grande puissance et par son bras étendu, et il donne la terre à qui il lui plaît.

Il brisera son joug de dessus mon cou, il arrachera mes liens, et les étrangers ne m'asserviront plus.

Je serai pour lui un sujet de réjouissance, une louange et une parure parmi les nations de la terre qui apprendront tout le bien fait qu'il me fait ;

je serai bouleversée et frémissante de tout le bonheur et de toute la prospérité qu'il m'accordera.

Prières d'une Saskatchewanaise pour son ranch

Dieu me rassemble, Dieu me recueille

Éternel, ne me donne pas aux mains des étrangers, et comme un butin aux malfaiteurs du pays.

Rassemble-moi du milieu des peuples, recueille-moi du pays où je suis disséminée et donne-nous un lieu dans ton territoire.

Que je ne mange pas mon pain avec appréhension et que je ne boive pas mon eau dans la désolation !

Que je ne sois pas jetée dans le désert, moi et tous les poissons de mes fleuves !

Que je ne tombe pas à la surface des champs !

Que je sois rassasiée et recueillie !

Que je ne sois pas donnée en pâtures aux animaux de la terre et aux oiseaux du ciel !

Ne fais pas venir conte moi l'épée, Éternel !

Et ne retranche pas du milieu de moi hommes et bêtes !

Que je ne devienne pas une désolation et une ruine !

Ne fais pas de moi des ruines !

Que des pieds d'hommes y passent !

Que des pieds de bêtes y passent !

Que je ne reste pas quarante ans sans être habitée !

Ne fais pas de moi une désolation parmi les pays désolés, parmi les villes en ruines, pendant quarante ans !

Ne me dissémine pas parmi les nations !

Que je ne sois pas humiliée !

Que je ne sois pas la plus humiliée !

Prières d'une Saskatchewanaise pour son ranch

Que je ne diminue pas !

Que les étranges les plus violents parmi les nations ne me coupent pas et que je ne sois pas abandonnée ;

que mes branches ne tombent pas vers les montagnes et dans les vallées !

Que mes rameaux ne se brisent pas dans tous les ravins du pays ;

et que tous les peuples de la terre ne se retirent pas de mon ombre, et ne m'abandonnent pas !

Qu'on ne me fasse pas périr par l'épée.

Que je ne sois pas jetée par terre,

que je ne sois pas étendue à la surface des champs ;

que tous les oiseaux du ciel ne demeurent pas sur moi et que je ne rassasient pas tous les animaux de la terre !

Que ma chair ne soit pas mise sur les montagnes et que mes vallées ne soient pas remplies de débris !

Que je ne m'éteigne pas !

Que les foyers de lumières des cieux ne soient pas obscurcis à cause de moi et que les ténèbres ne soient pas répandues sur mon pays !

Que tout mon bétail ne périsse pas à l'écart des grandes eaux !

Que je ne sois pas dépouillée !

Que l'arbre de la campagne donne son fruit, et que le pays donne ses productions !

Que je sois en sécurité sur mon territoire ; et que je reconnaisse que tu es l'Éternel quand tu briseras les liens de mon joug et que tu me délivreras de la main de ceux qui m'asservissent !

Que je ne soient plus au pillage parmi les nations, que les animaux du pays ne

Prières d'une Saskatchewanaise pour son ranch

me dévorent plus, que j'habite en sécurité et qu'il n'y ait personne pour me troubler !

Que pour moi soit établie une plantation qui aura du renom ; que je ne sois plus emportée par la famine dans le pays et que je ne sois plus chargée d'opprobre pas les nations !

Que je sois cultivée au lieu d'être une désolation aux yeux de tous les passants ; et que l'on dise : Ce pays désolé est devenu comme un jardin d'Éden, et ces villes ruinées, désolées, abattues sont fortifiées et habitées !

Que les nations qui resteront autour de moi reconnaissent que toi, l'Éternel, tu as rebâti ce qui était abattu et planté ce qui était désolé !

Que tous les poissons de la mer et les oiseaux du ciel tremblent devant toi, ainsi que les animaux de la campagne et tous les reptiles qui rampent sur le sol et tous les hommes qui sont à la surface du sol !

Que les montagnes soient renversées, que les parois des rochers tombent et que toute muraille tombe par terre.

Prières d'une Saskatchewanaise pour son ranch

De la semence encore de la semence

Éternel, ne me déshabille pas entièrement, ne me mets pas comme au jour de ma naissance, ne me rend pas semblable au désert, ne me fais pas devenir comme une terre aride.

Éternel, ne me fais pas mourir de soif.

Que je ne me prostitue pas, que je ne me couvre pas de honte.

Que je ne suive pas des amants pour ce qu'ils me donnent mon pain et mon eau, ma laine et mon lin, mon huile et mes boissons.

Que je reconnaisse que c'est toi qui me donnes le blé, le vin nouveau et l'huile.

Que je me couche en toute sécurité !

Conclus pour moi une alliance avec les animaux des champs, les oiseaux du ciel et les reptiles du sol.

Que je sois fiancée à toi ; que je sois fiancée à toi par la justice et le droit ;

que je sois fiancée à toi par la loyauté et la compassion ;

que je sois fiancée à toi avec fidélité.

Que les cieux soient exaucés et qu'ils exaucent ma terre ;

que ma terre exaucent le blé, le vin nouveau et l'huile, et qu'ils exaucent la Saskatchewanaise.

Qu'il soit répandu pour moi de la semence dans tout le pays !

Que les champs subsistent et que la terre soit en joie ; car les blés paressent, le moût ne tari pas et l'huile n'est pas desséchée.

Que l'ennemi du nord soit éloigné de moi, qu'il soit banni vers une terre aride et désolée !

Que je sois sans crainte, que je sois dans l'allégresse et que je me réjouisse !

Prières d'une Saskatchewanaise pour son ranch

Que les bêtes des champs soient sans crainte, car les pâturages du désert reverdissent, car les arbres portent des fruits, le figuier et la vigne donnent leurs richesses.

Que mes fils se réjouissent en l'Éternel, car il leur a donné la pluie salutaire, il a fait descendre l'averse pour eux : pluie d'automne et pluie de printemps, au premier mois !

Que les aires se remplissent de grain, et que les cuves regorgent de vin nouveau et d'huile !

Que les années qu'ont dévorées la sauterelle, le grillon, le criquet et la chenille me soient restituées !

Que je mange, que je me rassasie et que je loue le nom de l'Éternel !

Que je ne sois plus jamais dans la honte !

Que je reconnaisse que tu es au milieu de moi, Éternel !

Que je ne sois plus jamais dans la honte !

Que la vigne donne son fruit, que la terre donne ses productions, et que le ciel donne sa rosée !

Que je sois sauvée et que je sois une bénédiction.

Prières d'une Saskatchewanaise pour son ranch

Un chef qui paîtra

Que de toi, Saskatchewan, terre du Canada, sorte un chef qui paîtra mon pays, mon peuple, ma nation.

Que ceux qui sont doux habitent ma terre.

Ô Père, que ton règne vienne ; que ta volonté soit faite sur ma terre comme dans le ciel.

Ô Fils de l'homme, toi qui as sur la terre le pouvoir de pardonner les péchés, que je me lève, que je prenne mon lit et que je retourne dans ma maison.

Que ma semence ne tombe pas le long du chemin !

Que ma semence ne tombe pas dans les endroits pierreux !

Que ma semence ne tombe pas parmi les épines !

Mais que ma semence tombe dans de la bonne terre : qu'ils donnent du fruit, un grain cent, un autre soixante, un autre trente !

Que les clefs du royaume des cieux me soient données : que ce que je lierai sur la terre soit lié dans les cieux et que ce que je délierai sur la terre soit délié dans les cieux !

Que je reçoive maisons, frères, sœurs, père, mère, mari, enfants et terre au centuple !

Que tout le sang innocent répandu sur la terre , depuis le sang d'Abel jusqu'au sang de Zacharie, tué dans le temple, ne retombe pas sur moi et ma terre !

Qu'une nation ne s'élève pas contre moi !

Qu'un royaume ne se lève pas contre moi !

Qu'il n'y ait pas de tremblement de terre sur la terre que tu m'as donnée !

Quand le ciel et la terre passeraient, que ta parole et tes promesses de vie pour

Prières d'une Saskatchewanaise pour son ranch

moi ne passent pas.

Que je ne fasse pas un trou dans la terre pour cacher l'argent que tu m'as donné.

Que toute autorité me soit donné dans le ciel et sur la terre.

Que je jette de la semence en terre ; et que je dorme ou que je veille, nuit et jour, que la semence germe.

Que ma terre produise d'elle-même, premièrement l'herbe puis l'épi, enfin le blé bien formé dans l'épi !

Que ma semence soit comme un grain de moutarde qui, lorsqu'on le sème en terre est la plus petite de toutes les semences ;
mais qu'une fois semé, il monte, devient plus grand que toutes plantes potagères et poussent de grande branches, en sorte que les oiseaux puissent habiter sous son ombre !

Que je sois assise sur ma terre et que ma nourriture se multiplie !

Que je ne soit pas jetée par terre, et agitée avec violence !

Que je ne n'occupe pas la terre inutilement !

Que je ne perde pas ma saveur !

Que l'administration de mes biens ne me soit pas ôtée !

Qu'aucun jour de malheur n'arrive sur moi comme un filet !

Que je porte beaucoup de fruit !

Que je sois attirée à toi !

Que je te glorifie sur la terre et que j'achève l'œuvre que tu m'as donnée à faire !

Que je reçoive la puissance de ton esprit et que je devienne ton témoin dans ma ville, dans ma région, dans ma nation et aux extrémités de la terre !

Que toutes les familles de la terre soient bénies en ma postérité !

Prières d'une Saskatchewanaise pour son ranch

Que les rois de la terre ne se soulèvent pas, et que les princes ne se liguent pas contre toi et contre ton oint !

Que ma terre soit une terre sainte !

Que je sois établie moi et ma terre pour porter le salut jusqu'aux extrémités de la terre !

Que ton nom soit publié !

Que la puissance te soit attribuée !

Que je sois heureuse et que je vive longtemps sur ma terre !

Que ma terre soit abreuvée par la pluie qui tombe sur elle.

Prières d'une Saskatchewanaise pour son ranch

Ils viendront

Ô Dieu, que des années de famine ne suivent pas les années d'abondances ; et que l'on n'oublie pas sur ma terre toute l'abondance.

Ô Dieu, que la famine ne réduise pas ma terre à rien.

Ô Éternel, que tes serviteurs arrivent pour faire le service sur la terre que tu m'as donnée.

Que des navires de Kittim ne viennent pas sur ma terre.

Qu'ils n'humilient pas tes serviteurs, tes servantes, sur ma terre ainsi que tout ce qui s'y trouve ;

qu'ils ne détruisent pas.

Que les enfants, les petits enfants et ceux qui sont encore à la mamelle ne deviennent pas leur proie ni la proie de personne d'autre.

Que ceux qui ne connaissent aujourd'hui ni le bien ni le mal ne soient pas leur proie.

Mais que ton serviteur qui n'a ni part ni héritage avec ta servante, l'immigrant, l'orphelin et la veuve, qui résideront avec moi, viennent manger et se rassasier, afin que tu bénisses toute l'œuvre que j'entreprendrai de mes mains.

Qu'aucune malédiction ne vienne sur moi et ne soit mon partage !

Qu'aucune malédiction ne vienne sur moi, ne me poursuive et ne soit mon partage jusqu'à ce que je sois détruite !

Que rien de ce qui appartient à des dieux étrangers ne soit découvert chez moi !

Que tout ce qui est dans ma maison ne soit pas emporté à Babylone !

Que tout ce que mes pères ont amassé ne soit pas emporté à Babylone !

Que je ne sois pas abandonné à mon adversaire moi et ma terre, cet héritage

Prières d'une Saskatchewanaise pour son ranch

que tu m'as donné !

Que je ne sois pas abandonnée au pillage moi et ma terre !

Que personne ne vienne me tuer pendant la nuit !

J'enseignerai tes voix à ceux qui se révoltent, et les pécheurs reviendront à toi.

Toi qui écoutes la prière !

Tous les hommes revendront à toi.

Toutes les nations que tu as faites viendront se prosterner devant ta face, Seigneur, et rendre gloire à ton nom.

Fais sortir mon âme de la prison, afin que je célèbre ton nom !

Les justes viendront m'entourer, quand tu m'auras fait du bien.

Je plaide : que mes péchés deviennent comme la neige ; qu'ils deviennent comme de la laine !

Qu'aucune des mouches qui sont à l'extrémité du delta du Nil et des abeilles qui sont au pays d'Assyrie ne soient pas sifflées.

Qu'elles ne viennent pas et ne se posent pas dans les vallons abrupts et dans les fentes des rochers, sur tous les buissons et sur tous les pâturages !

Que ceux qui étaient perdus dans le pays et dispersés au pays de la servitude d'Assyrie reviennent !

Qu'ils se prosternent devant toi, Éternel, sur ta montagne !

Alors, comme celui qui a faim rêve qu'il mange, puis s'éveille, le gosier vide, et comme celui qui a soif, rêve qu'il boit, puis s'éveille, épuisé et le gosier assoiffé ; ainsi en sera t-il de la multitude de toutes les nations qui combattront la montagne de de Dieu, la montagne de la Saskatchewanaise.

Que les jours ne viennent pas où l'on emportera à Babylone tout ce qui est dans ma maison et ce que mes pères ont amassé jusqu'à ce jour !

Prières d'une Saskatchewanaise pour son ranch

En l'Éternel seul, dira t-on, résident pour moi les actes de justice et de force ; à lui viendront honteux tous ceux qui étaient en rage contre lui.

A cette vue je serai radieuse, mon cœur bondira et se dilatera, quand les richesses seront détournées de la mer vers moi, quand les ressources des nations viendront vers moi.

Je serai couverte d'une foule de chameau , ainsi que de dromadaires de Madian et d'Epha ;

ils viendront tous de Saba,

ils porteront de l'or et de l'encens et annonceront les louanges de l'Éternel.

Les troupeaux de Qédar se réuniront tous chez toi ;

les béliers de Nebayoth seront à ton service ;

ils seront offerts en holocaustes sur ton autel et te seront agréables,

et tu feras resplendir la maison de ta splendeur.

Qui sont ceux-là qui volent comme des nués, et comme des colombes vers des colombiers ?

Car les îles espèrent en toi, et les navires de Tarsis sont en tête, pour ramener de loin mes fils, avec leur argent et leur or à cause du nom de l'Éternel, mon Dieu, du Saint qui me fait resplendir.

Les fils de l'étranger rebâtiront mes murailles, et leurs rois seront à mon service ;

car dans ton indignation tu m'avais frappée mais dans ta faveur tu as compassion de moi.

Mes portes seront toujours ouvertes, elles ne seront fermées ni le jour ni la nuit, afin de laisser rentrer chez moi les ressources des nations et leurs rois avec leurs suites.

Prières d'une Saskatchewanaise pour son ranch

Car la nation et le royaume qui ne te serviront pas périront, ces nations là seront entièrement ruinées.

La gloire du Liban viendra chez moi, le cyprès, l'orne et le buis, tous ensemble, pour faire resplendir le lieu de ton sanctuaire, et tu glorifieras le lieu où repose tes pieds.

Les fils de mes oppresseurs viendront s'humilier devant moi, et, tous ceux qui m'outrageaient se prosterneront à mes pieds, ils m'appelleront ville de l'Éternel, montagne du saint de la Saskatchewan.

Au lieu que je sois délaissée, haïe et sans passants, tu feras de moi un objet de fierté pour toujours, un sujet de réjouissance de génération en génération.

Je sucerai le lait des nation ;

et je saurai que tu es l'Éternel, mon sauveur, mon rédempteur, le puissant de Saskatchewan.

Au lieu du bronze tu feras venir de l'or,

au lieu de fer tu feras venir de l'argent,

au lieu du bois, du bronze,

au lieu des pierres, du fer ;

pour s'occuper de moi, tu mettras la paix,

et pour me dominer, la justice.

On n'entendra plus parler de violence dans mon pays, ni de ravage ni de ruines dans mes frontières ;

je donnerai à mes murailles le nom de salut et à mes portes celui de louange.

Car tu crées de nouveau cieux et une nouvelle terre ;

on ne se rappellera plus des événements du début

ils ne remonteront plus à la pensée.

Prières d'une Saskatchewanaise pour son ranch

Le temps est venu de rassembler toutes les nations et toutes les langues ;
qu'elles viennent et voient ta gloire.

Ô Dieu, n'appelles pas tous les peuples des royaumes du nord.
Qu'ils ne viennent pas et que chacun d'eux ne place pas son siège à l'entrée des portes de ma terre, devant ses murailles tout autour, et devant toutes les villes de mon territoire.
Éternel, ma force et ma forteresse, ma retraite au jour de la détresse.
Les nations viendront à toi des confins de la terre et elles diront : Nos pères n'ont hérité que de la fausseté, une vanité qui ne sert à rien.
Ils viendront et triompheront sur les hauteurs de ma terre ;
ils afflueront vers les biens de l'Éternel, le blé, le vin nouveau, l'huile, le petit et le gros bétail ;
leur âme sera comme un jardin arrosé, et ils n'éprouveront plus de panique.
Alors je me réjouirai à la danse, les jeunes hommes et les vieillards également ;
tu changeras leur deuil en gaieté et tu les consoleras ;
tu les réjouiras après leurs tourments.
Tu rassasieras de graisse la personne des sacrificateurs, et ton peuple se rassasieras de tes biens.
Il y aura de l'espérance pour mon avenir, tous mes fils reviendront dans leurs frontières.
Nos supplications parviendront devant l'Éternel, et nous reviendrons chacun de notre mauvaise voie.
Que les chaldéens ne reviennent pas, qu'ils n'attaquent pas cette ville !
Qu'ils ne la prennent pas et ne la brûlent pas par le feu !

Prières d'une Saskatchewanaise pour son ranch

Que nous ne soyons pas une désolation, un déshonneur, une ruine, une malédiction, et que toutes ces villes ne deviennent pas des ruines éternelles !

Fais-nous revenir, fais-nous marcher et te chercher, Éternel, notre Dieu.

Que nos eaux deviennent saines !

Que tout être vivant qui se meut vive partout où le torrent arrivera !

Qu'il y ait une grande quantité de poisson, car tu assainis les eaux, et il y aura de la vie partout où arrivera le torrent !

Que toutes les nations soient ébranlées ;

que les biens les plus enviables de toutes les nations viennent et que cette maison soit remplie de gloire !

Que beaucoup de nations s'attachent à toi, Éternel !

Que ceux qui se sont éloignés viennent et travaillent dans ta maison !

Que beaucoup de peuples et de puissantes nations viennent te chercher, Éternel des armées, sur ma terre !

Que les nations qui viendront contre ma terre soient détruites !

Que plusieurs viennent de l'Orient et de l'Occident, et se mettent à table dans ta maison !

Que l'époux ne leurs soient plus enlevé !

Qu'ils deviennent un avec leur époux !

Et que plus personne ne vienne au nom de l'époux pour les séduire.

Prières d'une Saskatchewanaise pour son ranch

De grandes eaux débordent et ne m'atteignent pas

Qu'ainsi tout fidèle te prie au temps convenable.
Si de grandes eaux débordent, elles ne l'atteindront nullement.
Et toi, Dieu, tu les feras descendre au fond du gouffre ;
les hommes de sang et de ruse n'atteindront pas la moitié de leurs jours ;
mais moi, je me confie en toi.
Toi mon ennemi, qui as ton nid dans les cèdres, combien tu gémiras quand les douleurs t'atteindront, douleurs semblables à celles d'une femme en travail !

Qu'il y ait un refuge pour moi, lorsque échauffé par la colère et me poursuivant, un homme fini par m'atteindre !
Que le malheur ne finisse pas par m'atteindre !
Que je ne sois pas poursuivie et que je ne sois pas atteinte !
Que je ne sois pas épouvantée et que le désastre ne m'atteigne pas !
Que le mal ne soit pas résolu de la part des hommes contre moi et que la menace ne m'atteigne pas !
Que les chars et les cavaliers ne soient pas près de m'atteindre !
Que mon ennemi ne m'atteigne pas !
Que mon ennemi ne me précipite pas dans le malheur et ne frappe pas la ville du tranchant de l'épée !
Que je ne sois pas incapable d'atteindre la vieillesse !
Du bout de la terre je crie à toi, le cœur abattu ;
conduis-moi sur le rocher que je ne peux atteindre !
Que je puisse atteindre ce qui est loin, ce qui est profond.

Prières d'une Saskatchewanaise pour son ranch

La ville du Seigneur

Ô Dieu, que je bâtisse une ville, et donne à cette ville de porter ton nom.

Qu'elle soit une grande ville !

Ô Dieu, fais-moi bâtir une ville, et fais-toi un nom de par la ville, afin que ton nom soit glorifier sur toute la terre.

Ô Dieu, rassemble-nous afin que nous puissions bâtir la ville, ta ville !

Fais-moi habiter dans le pays découlant de lait et de miel,

fais-moi habiter dans le pays d'abondance ;

fais-moi habiter dans le pays de cours d'eau, de sources et de nappes souterraines qui jaillissent dans les vallées et dans les montagnes ;

fais-moi habiter dans le pays de froment, d'orge, de vignes, de figuiers et de grenadiers ;

fais-moi habiter dans le pays d'oliviers et de miel,

fais-moi habiter dans le pays où je mangerai du pain sans avoir à me rationner, où je ne manquerai de rien,

fais-moi habiter dans le pays dont les pierres sont du fer, et des montagnes duquel j'extrairai le bronze.

Qu'il y ait des justes dans la ville et que l'on n'y périsse pas.

Que la ville ne soit pas détruite !

Que la ville soit une ville de refuge pour que l'âme de ceux qui fuient vive !

Ne détruis pas la ville !

Que la ville ne soit pas bouleversée, toute la plaine, tous les habitants de ma ville et les plantes de mon sol !

Ô Dieu, ne détruis pas la plaine, ne bouleverse pas ma ville !

Prières d'une Saskatchewanaise pour son ranch

Fais agenouiller mes chameaux à l'extérieur de ma ville, près d'un puits d'eau, au moment où ; le soir, sortent celles qui vont puiser de l'eau !

Places-moi près d'une source d'eau, et que les filles des gens de ma ville sortent pour y puiser de l'eau !

Fais-moi camper dans ma ville !

Quand nous seront dans ta présence moi et ma ville, que personne ne prenne son épée, n'arrive dans la ville et ne tue tous les mâles !

Que personne ne vienne piller ma ville !

Que personne ne prenne mes bœufs et mes ânes, ce qui est dans ma ville et ce qui est dans mes champs !

Que ma ville porte ton nom et ta marque, Éternel, mon Dieu !

Que les produits des bonnes années qui vont venir soient rassemblés dans la ville !

Que des réserves de froment et de vivres soient faites dans la ville !

Rassemble tous les vivres des bonnes années et mets les vivres dans ma ville !

Mets les vivres dans l'intérieur de ma ville, les vivres de tous les champs !

Ô Éternel, que ma ville soit bâtie pour être une ville d'approvisionnements !

Qu'elle soit bâtie en n'accablant personne de travaux pénibles !

Que toute pierre attaquée de plaie dans ma ville soit purifiée !

Que toute maison attaquée de plaie dans ma ville soit purifiée, et que ses pierres, sa charpente et tout le mortier soient purifiés !

Que le droit de rachat à perpétuité te revienne pour toute maison d'habitation qui sera vendue dans ma ville !

Que la ville et les maisons soient ta possession perpétuelle !

Que ma ville et les maisons de ma ville soient ta propriété à perpétuité !

Prières d'une Saskatchewanaise pour son ranch

Que les champs situés dans les abords de ma ville ne soient point vendus ; car c'est ta propriété perpétuelle, Éternel !

Quand il y aura des rassemblements dans la ville, que l'épée ne vienne pas contre ma ville, que la peste ne soit pas emmenée au milieu de la ville et que nous ne soyons pas livrés aux ennemis !

Que ma ville ne soit pas réduite en désert, que le lieu de ton sanctuaire ne soit pas ravagé, et que l'odeur agréable de nos parfums de prières et d'adorations soient respirés !

Que l'épée ne soit pas tirée après ma ville et que ma ville ne soit pas déserte !

Que ma vile soit une ville fortifiées !

Que toi seul, Éternel, tu sois le puissant qui garde ma ville !

Que ma ville soit une ville fortifiée et très grande et qu'on n'y voit ton armée, père des cieux !

Que la ville te soit consacrée !

Que ma ville ne soit pas livrée entre les mains d'un autre peuple mais qu'elle demeure ta propriété à perpétuité !

Que ma ville ne soit pas prise !

Que ma ville soit toujours rebâtie et toujours fortifiée !

Que ma ville ne soit pas prise et que je ne soit pas chassée de ma ville !

Que ma ville ne soient pas incendiée !

Que des parcs soient construits dans ma ville pour tes troupeaux !

Que cette ville soit une ville forte et que tes enfants y demeurent, ô Éternel, mon Dieu !

Que la ville soit construite pour tes enfants, et des enclos pour ton petit bétail, Éternel, mon Dieu !

Prières d'une Saskatchewanaise pour son ranch

Que tes enfants, ton armée et tout ton bétail restent dans ma ville !

Que les territoires des villes du pays tout autour, ainsi que les villes du royaume me soient données !

Que des enclos soient construits pour ton bétail, dans ma ville, Éternel, mon Dieu !

Que ma ville porte ton nom, Éternel des armées !

Que personne ne se mette en marche pour prendre ma ville !

Que les abords de ma ville soient donnés à tes serviteurs !

Que les abords de ma ville soient pour leur bétail, pour leurs biens et pour tout leurs animaux !

Que ma ville serve de refuge contre tout vengeur de sang !

Que ma ville serve de refuge aux enfants de ton peuple, à l'immigrant et au résident temporaire au milieu de ton pays : que là puisse s'enfuir tout homme qui aura tué quelqu'un involontairement !

Que tout meurtrier qui aura tué involontairement son prochain ne sorte pas de ma ville de peur que le vengeur de sang ne le tue !

Que personne ne vienne explorer ma ville et se faire un rapport sur le chemin par lequel il montera !

Que tout peuple qui voudra monter contre moi et ma ville perde courage en voyant ta présence et la manifestation de celle-ci parmi ton peuple !

Que personne ne prenne ma ville et ne dévoue par interdit, hommes, femmes et petits enfants !

Que personne ne pille le bétail et le butin de ma ville !

Ô Éternel, depuis l'occident, l'orient jusqu'au septentrion et le midi, qu'il n'y ait pas de ville forte comme ta ville, cette ville que je te consacre, et qu'elle soit une ville

Prières d'une Saskatchewanaise pour son ranch

très forte aux yeux de tous mes ennemis !

Que mes ennemis ne puissent pas s'approcher de ta ville, cette ville que je te consacre, de ses abords, de sa montagne, ni de tout ce que Éternel tu as remis entre les mains de ta servante !

Que personne ne prenne ma ville !

Que ma ville soit fortifiée !

Que ma ville ait de hautes murailles !

Que ma ville ait des portes !

Que ma ville ait des verrous !

Que le bétail et le butin de ma ville ne soient pas pillés !

Que les femmes restent dans la ville, cette ville que je te consacre !

Que nos petits enfants restent dans la ville, cette ville que je te consacre !

Que nos cheptels restent dans la ville, cette ville que je te consacre !

Que nos vieillards restent dans la ville, cette ville que je te consacre !

Que ma ville ne devienne la possession de personne !

Que personne ne se rende maître de cette ville que je te consacre !

Que personne ne séduise les habitants de ma ville en disant : allons rendre un culte à d'autres dieux ! Des dieux que je ne connais point.

Sois établi comme le juge et le magistrat de ma ville afin de juger ton peuple avec justice !

Qu'ils ne se trouve pas dans ma ville un homme ou une femme faisant ce qui est mal à tes yeux, Éternel, mon Dieu !

Que personne ne s'approche de ma ville pour l'attaquer !

Que personne ne prenne pour lui les femmes, les enfants, le bétail et tout ce qui est dans ma ville !

Prières d'une Saskatchewanaise pour son ranch

Ô Éternel, laisse la vie à tout ce qui respire dans ma ville !

Que personne n'assiège ma ville pour l'attaquer et s'en emparer !

Que personne ne détruise mes arbres en y brandissant la hache !

Que personne n'abatte les arbres de la campagne de ma ville et ne s'en nourrisse !

Que personne ne détruise et n'abatte les arbres ne servant pas à la nourriture et qu'il ne s'en serve pas pour construire des retranchements contre ma ville et que ma ville ne succombe jamais !

Que les fils et les filles de ma ville ne se livrent pas à des excès et à l'ivrognerie !

Que les fils et les filles de ma ville ne commettent pas d'infamie dans la maison de leur père !

Que les fils et les filles de ma ville ne se prostituent pas dans la maison de leur père !

Qu'aucun homme ne rencontre dans ma ville une jeune fille vierge fiancé à quelqu'un et ne couche avec elle !

Que la femme d'un homme dans ma ville ne soit pas déshonorée !

Protège tout esclave qui se réfugiera dans ma ville, ô Éternel !

Que je sois bénie dans ma ville et que je sois bénie dans les champs !

Ô Dieu, que les murailles de ma ville ne s'écroulent pas !

Que personne ne s'empare de ma ville, ne la dévoue par interdit et ne face pas passer au fil de l'épée tout ce qui est dans la ville, hommes, femmes, enfants et vieillards, jusqu'aux bœufs, aux brebis et aux ânes !

Que personne ne brûle ma ville et tout ce qui s'y trouve !

Prières d'une Saskatchewanaise pour son ranch

Que je ne sois pas livrée moi, mon peuple, ma ville et mon pays !

Qu'aucune embuscade ne soit placée derrière ma ville !

Que personne ne puisse s'emparer de la ville !

Que personne ne prenne ma ville et n'y mette le feu !

Que personne ne pénètre dans ma ville, ne la prenne, et ne se hâte d'y mettre le feu !

Que personne ne nous fasse éprouver de grandes défaites !

Que ma ville soit connue comme une ville royale, la ville du Rois des rois, la ville du Dieu des cieux et de la terre !

Que personne ne prenne ma ville, ô mon Dieu, Dieu des cieux et de toute la terre !

Que ma montagne, les bords du torrent, ma vallée et toute ma plaine ne soit pas prise !

Que ta présence serve de limite entre ma ville et toute autre ville dans mon pays et dans les nations.

Prières d'une Saskatchewanaise pour son ranch

La terre que Dieu m'a donnée

Ô Dieu, que les fils du pays n'attaquent pas ma ville, cette ville qui est à toi, et ne la prennent.

Ô Dieu, qu'ils ne la frappent pas du tranchant de l'épée et n'y mettent pas le feu.

Ô Dieu, qu'ils ne me battent pas et qu'ils ne vouent pas ta ville par interdit.

Ô Dieu, qu'ils ne s'emparent pas de la terre que tu m'as donnée.

Qu'aucune maison ne monte contre moi et contre ma ville, cette ville que tu m'as donnée en héritage !

Que personne ne se rende dans la ville et la batte !

Que personne ne soit assez fort pour me soumettre à la corvée moi et la ville !

Ô Éternel, ne fortifie aucun roi contre moi et la ville parce que j'aurai fait ce qui mal à tes yeux, mais pardonne moi !

Qu'aucun roi ne réunisse à lui d'autres peuples méchants, et qu'il ne se mette pas en marche contre moi et la ville !

Qu'il ne me batte pas moi et la ville !

Que je ne sois pas assujettie moi et la ville à un roi !

Je crie à toi, que ma libération moi et la ville vienne de toi, Éternel !

Éternel, fais-toi une épée à deux tranchant, et met la à ta ceinture sous tes vêtements, contre ta hanche, reviens des carrières dans la chambre haute de tout roi qui est venu contre moi, avance ta main, tire l'épée de ton coté et plante la dans son ventre et ne la retire pas et qu'il s'étende par terre !

Éternel, sonne du cor et livre entre mes main tout roi qui sera venu contre moi !

Que je batte dix mille hommes, qu'aucun n'en échappe, que ce roi soit humilié sous ma main et que la ville soit tranquille !

Prières d'une Saskatchewanaise pour son ranch

Ô Éternel, que je ne sois pas vendue moi et la ville entre les mains d'un roi parce que j'aurai fait ce qui est mal à tes yeux, mais pardonne-moi !

Que je ne sois pas opprimée par un roi moi et la ville, parce que j'aurai fait ce qui est mal à tes yeux, mais pardonnes-moi !

Je crie à toi, que ma libération moi et la ville vienne de toi, Éternel !

Éternel, fais du recrutement sur ta montagne, et prends avec toi dix mille hommes !

Attire vers moi tout roi qui viens contre moi et la ville, ses chars et ses troupes, et livre-le entre mes mains et que la ville soit tranquille !

Ô Éternel, que je ne sois pas livrée moi et la ville pendant sept ans entre les mains d'un roi parce que j'aurai fait ce qui est mal à tes yeux, mais pardonnes-moi !

Que la main d'aucun roi ne soit puissante contre moi et la ville !

Que je ne me fasse pas des tranchées dans les montagnes, dans des cavernes et des fortifications à cause d'un roi puisant qui vient contre moi !

Quand je sèmerai moi et la ville, qu'aucun roi ne monte contre moi, ne campe en face de moi pour détruire mes productions sans laisser ni vivres, ni brebis, ni bœuf, ni âne !

Qu'il ne monte pas avec ses troupeaux et ses tentes, qu'il n'arrive pas comme une multitude de sauterelles, et qu'il ne soit pas innombrable, lui et ses chameaux, et qu'il ne vienne pas dans la ville que tu m'as donnée pour la ravager !

Que je ne sois pas appauvrie moi et la ville par ce roi !

Je crie à toi, que ma libération moi et la ville vienne de toi, Éternel !

Éternel, sauve-moi de la main d'un roi qui vient contre moi !

Sonne du cor, convoque des hommes pour marcher à ta suite et que tout roi qui vient contre moi et la ville soit livré entre mes mains et que la ville soit tranquille !

Prières d'une Saskatchewanaise pour son ranch

Que le matin, au lever du soleil, personne ne fonde avec impétuosité sur moi et la ville !

Que je ne sois pas attaquée pendant toute une journée moi et la ville !

Ô Éternel, que je ne sois pas livrée moi et la ville entre les mains d'un roi parce que j'aurai fait ce qui est mal à tes yeux, mais pardonnes-moi !

Je crie à toi, que ma libération moi et la ville vienne de toi, Éternel !

Éternel, fasse que la stérile enfante !

Que je devienne enceinte et que j'enfante d'un fils !

Un enfant qui sera naziréen de toi, Éternel, mon Dieu !

Que ce soit lui qui commence à sauver ma ville de tout roi qui viendra contre moi et la ville !

Que j'enfante un fils et qu'il soit béni de toi ;

qu'il grandisse !

Que j'enfante un fils dont ton esprit s'emparera !

Que j'enfante un fils dont la femme ne sera pas donnée à son ami !

Que j'enfante un fils qui n'entera pas chez une prostituée !

Que j'enfante un fils qui demeura couché jusqu'à minuit ; et vers minuit qui se lèvera, saisira les battants de la porte de la ville et les deux poteaux du roi qui vient contre moi et la ville, les arrachera avec le verrou, les mettra sur ses épaules et les portera sur le sommet de ta montagne !

Que j'enfante un fils qu'on ne séduira pas, pour savoir d'où lui viendrait sa force et comment avoir pourvoir sur lui, afin de le lier pour le dompter !

Que j'enfante un fils qu'aucune armée ne pourra saisir, crever les yeux et attacher avec des entraves de bronze !

Que j'enfante un fils qui ne tournera pas la meule en prison !

Prières d'une Saskatchewanaise pour son ranch

Que j'enfante un fils à qui tu attireras tout roi qui vient contre moi et la ville, à qui tu donneras la force, d'un seul coup, de tirer vengeance, contre nos adversaires et que la ville soit tranquille !

Ô Éternel, délivre-moi de tout roi qui vient pour passer du tranchant de l'épée et brûler la ville, cette ville que tu m'as donnée, car je suis en relation avec toi !

Ô Ancien des jours, que ta paix soit avec moi et la ville,

charge-toi de tout ce qu'il me faut moi et la ville,

et que je ne passe pas la nuit sur la place moi et la ville !

Fais-moi entrer dans ta maison moi et la ville et donne du fourrage aux ânes !

Que nous nous lavions les pieds moi et ceux qui sont avec moi ainsi que la ville, puis que nous mangions et nous buvions dans ta présence !

Pendant que nous serons en train de nous réjouir dans ta présence moi et ceux qui sont avec moi ainsi que la ville et que des hommes, des vauriens, entoureront la maison, frapperont à coups répétés à la porte et te diront : Fais sortir la femme qui est entrée dans ta présence pour que nous la connaissions,

sors vers eux, Maître de la maison, Ancien des jours, et dis leur : Non, mes frères, vous ne ferez pas le mal, puisse que cette femme est entrée dans ma maison, vous ne ferez pas cette turpitude !

Maître de la maison, Ancien des jours, fais sortir à ma place l'agneau immolé qui a le pouvoir de pardonner toutes les fautes et que ma faute soit effacée !

Maître de la maison, Ancien des jours, qu'ils n'abusent pas de moi toute la nuit jusqu'au matin, et qu'ils ne me renvoient pas au lever de l'aurore mais que l'agneau immolé qui a le pouvoir de pardonner toutes les fautes sorte à ma place et que ma faute soit ainsi effacée !

Ô Éternel, que je sois pas battue !

Prières d'une Saskatchewanaise pour son ranch

Que des gens en embuscade ne se jettent pas promptement sur moi et ma ville !

Que des gens en embuscade ne se portent pas en avant et ne me frappent pas du tranchant de l'épée moi et la ville.

Prières d'une Saskatchewanaise pour son ranch

Dans la présence de Dieu

Ô Dieu, fais-moi marcher avec toi moi et ma ville.

Lorsqu'on nous verra que l'on soit étonné et que l'on dise : Est-ce là la Saskatchewanaise !

Ô mon Dieu, fais-moi glaner dans ton champ, dans ta terre derrière les moissonneurs.

Que je sois reconnue par ton serviteur chargé de veiller sur les moissonneurs !

Que je glane et ramasse les épis entre les gerbes derrière les moissonneurs et que je sois debout et que je ne m'asseye qu'un moment à la maison !

Que je n'aille plus glaner dans un autre champ, que je ne m'éloigne pas de ta terre, de ton champ et que je m'attache à toi et à tes serviteurs et à tes servantes !

Que j'ai les yeux sur le champ que l'on moissonne et que j'aille derrière tes serviteurs et tes servantes ; et qu'aucun de tes serviteurs ne me touche ;
et quand j'aurai soif, que j'aille aux cruches et que je boive de ce que tes serviteurs auront puisé !

Que j'obtienne ta faveur pour être reconnue, moi qui ne suis qu'une inconnue !

Sous tes ailes Dieu Tout-Puisant, je viens me réfugier !

Console-moi, parle au cœur de ta servante, moi qui ne suis pourtant pas comme l'une de tes servantes !

Que je m'approche au moment de ton repas, que je mange de ton pain et que je trempe mon morceau dans la vinaigre !

Que je m'asseye à coté des moissonneurs !

Tends-moi du grain rôti, que je mange, que je me rassise et que je garde le reste !

Prières d'une Saskatchewanaise pour son ranch

Que je glane aussi entre les gerbes sans qu'on me fasse d'affront !

Qu'on ôte même pour moi des javelles quelques épis qu'on me laissera à glaner, sans me faire de reproches !

Que je glane dans le champ jusqu'au soir !

Que je l'emporte, que je rentre dans la ville !

Fais moi passer la nuit dans ta présence et que je reste couchée à tes pieds et que je me lève à l'heure où on peut se reconnaître l'un et l'autre : et que l'on ne sache pas que je suis entrée dans ta présence.

Prières d'une Saskatchewanaise pour son ranch

Mes adversaires me sont livrés

Ô Éternel, fais-nous monter chaque année dans ta présence.

Ô Éternel, que nous ne soyons pas dans la désolation.

Qu'il n'y ait pas une grande consternation dans ta ville : Ne frappe pas les gens de ta ville depuis le plus petit jusqu'au plus grand : qu'ils n'aient pas une éruption d'hémorroïdes !

Que nous ne mourrions pas mais que nous vivions de par ta présence !

Que la ville nous revienne !

Éternel, viens t'établir sur nous !

Éternel, sois l'homme considéré de la ville !

Éternel, sois le voyant de la ville !

Fais-nous entendre ta parole !

Donnes-nous de faire ce que tu dis !

Viens nous délivrer de notre ennemi !

Les femmes sortiront de toutes des villes en chantant et en dansant, au son des tambourins, des cris de joie et des triangles !

Que nous ne soyons pas frappés du tranchant de l'épée ; hommes et femmes, enfants et nourrissons, bœufs, ânes, et brebis !

Que nous ne soyons pas livrés entre les mains de notre adversaire !

Que notre ennemi ne vienne pas détruire la ville à cause ta servante !

Que nous ne soyons pas emmenés captifs et que la ville ne soit pas brûlée !

Prières d'une Saskatchewanaise pour son ranch

Que les familles qui sont auprès de moi montent dans la ville !

Que nous emportions du pays de nos ennemis des boucliers et une grande quantité de bronze !

Que nous soyons fermes et que nous montrions du courage pour le peuple et pour la ville !

Que mes serviteurs ne soient pas battus dans la bataille !

Que parmi tes serviteurs l'épée ne dévore pas tantôt l'un, tantôt l'autre !

Donnes à mes serviteurs d'attaquer vigoureusement l'adversaire !

Que mes serviteurs assiègent l'adversaire et s'emparent de lui !

Que la gloire te soit attribuée pour toutes les batailles et toutes les victoires !

Que la couronne soit enlevée de dessus la tête de notre adversaire !

Que personne dans ta ville et dans ma maison ne se procure un char, des chevaux et cinquante hommes qui courent devant lui !

Qu'il ne se lève pas de bon matin et ne se tienne pas au bord du chemin qui mène à la porte ; et qu'à chaque fois qu'un homme qui a un procès se rend vers ta servante pour obtenir justice, qu'il ne l'appelle pas et ne lui dise pas : Vois ta cause est bonne et juste ; mais personne de chez elle ne t'écoutera !

Que personne dans ta ville et dans ma maison ne dise : qui m'établira chef dans cette ville et dans cette maison ? Tout homme qui aurait un procès ou un droit à défendre viendrait à moi et je lui ferais justice.

Qu'aucune coalition contre ta servante ne devienne de plus en plus puissante et que mes proches n'en soient pas membres !

Que je ne sois pas emmenée à fuir ma maison et ma ville !

Que je ne me hâte pas de partir de ma maison et de ma ville !

Que mon adversaire ne m'atteigne pas et ne me précipite pas dans le malheur et

Prières d'une Saskatchewanaise pour son ranch

qu'il ne frappe pas ma maison et la ville du tranchant de l'épée !

Que tout ce qui est à moi ne soit pas emmené à sortir de ma maison et de la ville !

Que je ne sois pas emmenée à ne pas voir ta présence dans ma maison et dans la ville !

Que tous les conseils de mon ennemi soient anéantis en ma faveur !

Que mon ennemi ne rentre pas dans ma maison et dans la ville !

Que ma maison et moi nous ne mourions pas mangés par des chiens !

Que le séjour de ma maison et de ma ville soit bon et que les eaux ne soient pas mauvaises et la ville stérile !

Que toutes villes fortes et toutes villes d'élites de nos ennemis soient frappées, que tous les bons arbres soient abattus, que toutes les sources d'eaux soient bouchées et que tous les meilleurs champs soient ruinés avec des pierres !

Que les villes de nos ennemis soient reversées ; que des pierres soient jetées dans les meilleurs champs et qu'ils en soient remplis ; que ses villes soient battues !

Que des chevaux, des chars et une forte troupe arrivent de nuit et enveloppent les villes de nos ennemis !

Que nos ennemis soient conduits sur un autre chemin et non le notre !

Que la famine sois dans la ville de nos ennemis !

Qu'il n'y ait personne, aucune voix d'homme dans la ville de nos ennemis !

Qu'il n'y ait que des chevaux attachés et des ânes attachés et leurs tentes comme elles étaient !

Que le mal ne sois pas fait aux enfants de ma maison et de ma ville ;

que le feu ne sois pas mis aux villes fortes ;

que les jeunes gens ne soient pas tués par l'épée ;

Prières d'une Saskatchewanaise pour son ranch

que les petits enfants ne soient pas écrasés ;

et que le ventre des femmes enceintes ne sois pas fendu !

Que le chef de la maison de nos ennemis, le chef des villes de nos ennemis, les anciens et les gouverneurs des enfants, envoient me dire : Nous sommes tes serviteurs, et nous ferons tout ce que tu nous diras ; nous n'établirons personne d'autre que toi, fais ce qui te semble bon !

Que moi et ma ville nous nous réjouissions et que nous soyons tranquille !

Qu'on me transporte, qu'on me fasse entrer dans ma ville et que je règne !

Que mes ennemis soient battus depuis les tours de gardes jusqu'aux villes fortes et que je m'en empare !

Que moi et ma maison et ma ville nous soyons délivrées de nos ennemis !

Ô Dieu Tout-Puissant, c'est toi qui as fait ces choses depuis longtemps, dès les jours d'autrefois.

Maintenant fais-les venir, et que les villes fortes de mes ennemis soient réduites à n'être que des monceaux de ruines.

C'est toi qui sais quand mes ennemis s'asseyent, quand ils sortent et quand ils entrent,

et quand ils s'emportent contre toi.

Parce qu'ils se sont emportés contre toi, et que leur arrogance est montée à tes oreilles,

mets ta boucle à leurs narines et ton mors à leurs lèvres et fais les retourner par le chemin par lequel ils sont venus.

Que nos ennemis n'entrent pas dans cette ville,

qu'ils n'y lancent pas de flèches

qu'ils ne lui opposent pas de bouclier et qu'ils n'élèvent pas de retranchement

Prières d'une Saskatchewanaise pour son ranch

contre elle.

Qu'ils s'en retournent par le chemin par lequel ils seront venus,

et qu'ils n'entrent pas dans cette ville.

Ô Dieu, protèges cette ville pour la sauver,

à cause de toi et à cause de ton fils bien aimé en qui tu as mis toute ton affection.

Ajoute de nombreuses années de vie à cette ville et à ma maison !

Délivre ainsi ta servante de l'emprise de nos ennemis ;

protège cette ville à cause de toi et à cause de ton fils bien aimé en qui tu as mis toute ton affection.

Chasse les prêtes qui brûlent des parfums sur les hauts lieux de ma maison et de ma ville et aux alentours ainsi que ceux qui brûlent des parfum à Baal, au soleil, à la lune, au zodiaque et toute l'armée des cieux !

Sors de ma maison et de la ville le poteau d'Achéra, transporte le hors de la ville vers la vallée et réduis le en poussière, Éternel !

Détruis toute maison de prostituées dans ton temple, Éternel !

Souille les hauts lieux où les prêtes brûlent des parfums et rends impurs les hauts lieux des portes, Éternel !

Fais disparaître toutes les maisons des hauts lieux dans ma ville, Éternel !

Choisis ma ville et ma maison et dis sur elle : Là résidera mon nom.

Que ma ville et ma maison ne soient pas assiégées !

Que le roi de Babylone n'arrive pas dans la ville !

Que le roi de Babylone ne vienne pas avec toute son armée contre ma ville !

Que ma ville ne sois pas encerclée !

Qu'on ne me poursuive pas et qu'on ne m'atteigne pas !

Prières d'une Saskatchewanaise pour son ranch

Que le peuple de la ville ne sois pas déporté !

Que la ville ne sois pas déportée à Babylone !

Que le peuple ne fuis pas et n'abandonne pas la ville !

Éternel, construis des murs autour de ma ville et répare ses brèches !

Éternel, envoie des messages de tous côtés vers nos frères qui restent dans toutes les terres de la nation et qu'ils se rassemblent auprès de nous !

Éternel, Fais-moi battre et humilier nos ennemis, et que j'enlève de leurs mains ma maison, la ville et tout ce qui m'appartient !

Éternel, Fais-moi battre nos ennemis et qu'ils me soient assujettis et qu'ils soient soumis à un tribut !

Seigneur, donne-moi la victoire partout où je vais.

Que je prenne à nos ennemis une très grande quantité de bronze !

Seigneur, que personne ne vienne pour reconnaître, pour bouleverser et pour espionner ma maison, la ville et tout ce qui m'appartient !

Que des chars ne soient pas enrôlés pour marcher contre ma maison, la ville et tout ce qui m'appartient !

Qu'aucun ennemi ne sorte et ne se range en rang de bataille contre ma maison, la ville, et tout ce qui m'appartient !

Que je sois forte, fortifie-moi pour ton peuple et pour ta ville, mon Dieu !

Avance-toi Seigneur et que nos ennemis s'enfuient !

Mets-moi en campagne au temps où les rois se mettent en campagne et que j'assiège en portant la destruction dans le camp ceux qui m'assiégeaient !

Donne-moi la couronne de la tête de mon ennemi et que j'emporte un grand butin de la ville de mon adversaire !

Que je traite ainsi tous mes adversaires et ainsi que leurs villes.

Prières d'une Saskatchewanaise pour son ranch

Seigneur, viens préposer un intendant sur mes réserves.

Prépose un intendant sur mes réserves à la campagne, dans la ville, le village et sur la tour ;

prépose un intendant sur mes ouvriers de la campagne qui cultivent mon sol ;

prépose un intendant sur mes vignes ;

prépose un intendant sur mes resserves de vin dans mes vignes ;

prépose un intendant sur mes oliviers et mes sycomores dans la plaine ;

prépose un intendant sur mes réserves d'huiles ;

prépose un intendant sur mon gros bétail qui paît ;

prépose un intendant sur mon gros bétail qui paît dans les vallées ;

prépose un intendant sur mes chameaux ;

prépose un intendant sur mes ânesses ;

prépose un intendant sur mon petit bétail !

Que tous ces intendants soient mes représentants !

Mets à mes cotés un conseiller, un scribe de grande intelligence !

Mets à mes cotés une personne qui s'occupera de mes fils !

Mets à mes cotés un ami, un conseiller !

Mets à mes cotés un chef de ton armée !

Mets à mes cotés ton esprit, Père céleste, et qu'il me guide en toutes choses !

Rassemble des chars et des cavaliers et installe-les dans ma ville près de moi !

Père Éternel, choisis ma ville pour qu'il y soit bâti une maison où résidera ton nom et choisis un homme pour qu'il soit le conducteur de ton peuple !

Quand ton peuple sortira pour combattre ses ennemis, en suivant le chemin sur lequel tu l'auras envoyé ; s'ils prient, en direction de cette ville que tu m'as donnée et de la maison qui y sera bâtie en ton nom,

Prières d'une Saskatchewanaise pour son ranch

écoute des cieux leurs prières et leurs supplications, et fais-leur droit.

Quand ils pécheront contre toi, car il n'y a point d'homme qui ne pèche, quand tu seras irrité contre eux et que tu les livreras à l'ennemi, quand ceux qui les tiendront captifs les emmèneront en captivité dans un pays lointain ou rapproché,

s'ils reviennent à toi de tout leur cœur et de toute leur âme, et si dans le pays de leur captivité où on les a emmenés captifs, ils te prient en direction du pays que tu as donné à leurs pères, de la ville que tu m'as donnée et de la maison qui y sera bâtie en ton nom,

écoute des cieux, du lieu où tu sièges, leurs prières et leurs supplications, et fais-leur droit.

Pardonne à ton peuple qui a péché contre toi !

Fais-moi reconstruire les villes et y établir tes enfants !

Fais-moi bâtir des villes servant d'entrepôts !

Fais-moi bâtir une ville forte, ayant des murs, des portes et des barres !

Fais-moi bâtir les villes pour les chars, les villes pour la cavalerie, et tout ce que je souhaite bâtir pour mon bon plaisir, dans ma ville, dans mon pays, et dans tout le territoire que tu me donnes en partage !

Seigneur Éternel, installe des écuries pour les chevaux et les chars, et les cavaliers dans les villes du territoire et dans la ville près de moi !

Que je demeure parmi mon peuple et que je bâtisse des villes fortes !

Que les fortifications soient réparées et que j'y installe des commandants et des réserves de nourriture, d'huile et de vin !

Que les villes soient rendues fortes de par ta main, Éternel !

Donne-moi l'intelligence de disperser tous mes fils dans les contrés de la région, dans toutes les villes fortes et que je leur fournisse en abondance du

Prières d'une Saskatchewanaise pour son ranch

ravitaillement et qu'il leurs soit donné femmes et descendance !

Que je m'empare des villes fortes de mon ennemi !

Que je m'affermisse dans ma ville et que j'y règne !

Que je poursuive mon ennemi et que je lui prenne des villes !

Que je fasse disparaître de toutes les villes les hauts lieux et les statues consacrées au soleil, et que mon territoire soit en repos !

Que le pays soit tranquille et qu'il n'y ait pas de guerre contre moi !

Que je bâtisse et que je réussisse !

Que les villes de mon adversaire soient toutes frappées, et que je m'en empare, et qu'elles soient pillées !

Que je ne sois pas agitée de toute part, peuple contre peuple, ville contre ville !

Que je sois ferme et que je ne laisse pas mes mains s'affaiblir et qu'il y ait un salaire pour mes actions !

Que je m'affermisse et que je fasse disparaître les abominations de tout mon territoire et des villes !

Que je restaure ton autel et que j'impose ta présence dans le territoire et les villes !

Que les chefs de soldats soient envoyés contre la ville de mon adversaire et non contre ma ville et le territoire !

Que les chefs de soldats ne viennent pas contre tous les entrepôts et les villes !

Mets Seigneur des troupes dans toutes les villes fortes et des garnisons dans tout le territoire et dans toutes les villes que tu m'offriras !

Sois avec moi, affermis le règne entre mes mains !

Que mon cœur s'enhardisse dans tes voies et que je supprime encore du territoire les hauts lieux et les poteaux d'Achéra !

Prières d'une Saskatchewanaise pour son ranch

Que des ministres soient envoyés pour enseigner dans toutes les villes du territoire ainsi que dans ma ville !

Qu'ils enseignent dans tout le territoire, qu'ils parcourent les villes ainsi que ma ville en enseignant parmi le peuple !

Que je m'élève au plus haut degré de grandeur, que sur le territoire des citadelles et des villes soient construites pour servir d'entrepôts !

Qu'il y ait une grande activité dans les villes du territoire, ainsi que des guerriers, vaillants héros, dans ma ville !

Que des juges soient établis dans les villes fortes du territoire !

Que des juges soient établis pour éclairer ton peuple dans la ville et sur le territoire !

Que l'on vienne de tout le territoire pour chercher ta présence !

Que nous recevions des présents considérables en argent, en or et des largesses comprenant des villes fortes dans le territoire !

Que tout le peuple se réjouisse et que la ville que tu m'as donnée soit tranquille !

Que le butin soit employé à vêtir les captifs, à vêtir ceux qui sont nus, qu'on leur donne des habits et des sandales, qu'ils reçoivent à manger et à boire ;

qu'ils soient pansés, que tous ceux qui ne peuvent pas marcher soient conduits sur des ânes et qu'ils soient menés dans la ville que tu m'as donnée !

Qu'il ne se fasse pas d'invasion dans ma ville, cette ville que tu m'as donnée !

Que ta maison soit ouverte et qu'aucun objet ne soit emporté !

Que des hauts lieux n'y soient pas établis pour faire brûler des parfums !

Que l'on se lève de bon matin pour monter dans ta maison !

Que les stèles y soient brisées, que les idoles y soient abattues, et que les hauts

Prières d'une Saskatchewanaise pour son ranch

lieux et les autels y soient entièrement renversés ainsi que dans le territoire et la ville !

Qu'il y ait des personnes pour distribuer les portions à tous les mâles de tes serviteurs !

Qu'aucun serviteur d'aucun roi ne jette l'effroi et l'épouvante parmi le peuple de la ville que tu m'as donnée !

Que je me procure des trésors d'argent ;

que je me procure des trésors d'or ;

que je me procure des trésors de pierres précises ;

que je me procure des trésors d'aromates ;

que je me procure des trésors de boucliers et de tous les objets de valeurs ;

des entrepôts pour les produits de blé, en vin nouveau et en huile, des crèches pour tout espèce de bétail et les troupeaux pour les étables !

Que je me fasse des villes et que j'ai en abondance des troupeaux de petit et de gros bétail, des biens considérables !

Que j'ôte de la maison de l'Éternel les dieux étrangers et l'effigie ainsi que tous les autels bâtis sur la montagne de la ville !

Que je les jette hors de la ville !

Que je mette des chefs militaires dans toutes les villes fortes du territoire !

Que je rebâtisse l'autel de l'Éternel pour qu'on y offre des sacrifices de communion et de reconnaissance !

Que mes prières soient constamment devant toi, mon Dieu et que tous les voyants me parlent de ta part !

Que je ne m'écarte ni à droite ni à gauche de tes voies !

Que je me mette à te rechercher dans la fleur de l'âge !

Prières d'une Saskatchewanaise pour son ranch

Que je purifie le territoire et la ville que tu m'as donnée des hauts lieux, des poteaux d'Achéra, des statues et des idoles de métal fondu !

Que les autels de Baals soient renversés !

Que les obélisques qui sont au-dessus soient abattus !

Que les poteaux d'Achéra, les statues et les idoles en métal fondu soient brisés !

Qu'ils soient réduits en poussière !

Que les autels soient renversés sur le territoire et dans la ville !

Que les poteaux d'Achéra et les statues soient mis en pièces !

Que dans tout le territoire et la ville, les obélisques soient abattus !

Que le territoire et la ville soient purifiés en réparant le lieu où repose ton pied, Seigneur, Dieu de toute la terre.

Prières d'une Saskatchewanaise pour son ranch

Dieu envoie dans la ville pour rebâtir

Ô Seigneur, fais revenir d'exil ceux que le roi de Babylone avait emmené captifs.

Fais revenir tes serviteurs, ton peuple et qu'ils s'établissent dans les villes du territoire et que tout ton peuple habite dans ces villes.

Que ton peuple s'assemble comme un seul homme !

Que ton peuple rebâtisse la ville, restaure les murs et répare les fondations !

Que la ville ne soit pas reconnue comme une ville qui porte préjudice au Roi des rois et à son royaume !

Que la ville ne soit pas reconnue comme une ville où on y trouve de la révolte dès les temps anciens !

Ô Dieu, que la ville soit rebâtie afin qu'elle soit ta possession.

Que la ville ne soit pas reconnue comme une ville qui s'est soulevée contre le Roi des rois !

Que la ville ne soit pas reconnue comme une ville qui s'est livrée à la sédition et à la révolte contre le Roi des rois !

Ô Dieu, que la ville soit rebâtie.

Que la ville ne soit pas détruite et que ses portes ne soient pas dévorées par le feu !

Ô Dieu, envoie-moi dans la ville et que je la rebâtisse.

Que du bois de charpente me soit fourni pour les portes de la citadelle là où repose tes pieds, pour la muraille de la ville et pour la maison où je me rendrai, et que ta bonne main soit sur moi !

Que la ville soit spacieuse et grande ; qu'elle soit peuplée et que les maisons

Prières d'une Saskatchewanaise pour son ranch

soient bâties !

Que ton peuple s'établissent dans la ville !

Que nous rentrions en possession d'un sol fertile,

que nous rentrions en possession de maisons remplies de toutes sortes de biens,

que nous rentrions en possession de citernes creusées,

que nous rentrions en possession de vignes, d'oliviers et d'arbres fruitiers en abondance ;

que nous mangions,

que nous nous rassasiions,

que nous nous engraissions,

et que nous vivions dans les délices par ta grande bonté, Éternel, mon Dieu !

Que nous ayons du repos !

Ne nous abandonne pas, ne nous extermine pas, dans ta grande compassion, car tu es un Dieu qui fait grâce et qui a compassion.

Ô Dieu, Dieu grand, puissant et redoutable, qui garde l'alliance et la bienveillance,

accorde-nous des bienfaits nombreux au milieu du royaume, dans le pays vaste et fertile que tu as mis devant nous, et qu'on te serve.

Que les produits abondants de cette terre soient pour nous et à personne !

Que notre corps soit à nous et à personne !

Que notre bétail soit à nous et à personne !

Qu'on me fasse don d'un manteau, ainsi que du cheval tenu par quelqu'un de tes ministres, un dignitaire, ô Roi de toute la terre !

Que je sois revêtue, que je sois conduite sur la place de la ville, qu'il soit proclamé devant moi : Voilà ce qu'on fait à celle que le Roi de toute la terre désire

Prières d'une Saskatchewanaise pour son ranch

honorer !

Que je sois revêtue de manteau et que je sois promenée à cheval sur la place de la ville et qu'il soit proclamé devant moi : Voilà ce qu'on fait à une femme que le roi désire honorer !

Roi de toute la terre, que je sorte de chez toi avec un vêtement et blanc, une grande couronne d'or et un manteau de byssus et de pourpre et que la ville pousse des cris de réjouissance.

Prières d'une Saskatchewanaise pour son ranch

Il ne subsistera pas toujours

Il habitera des villes détruites, des maisons abandonnées, sur le pont de tomber en ruines.

Dans leurs villes exhaleront les soupirs des mourants, l'âme des blessés qui jette des cris...

S'il sort pour aller à la porte de la vile, et se met à préparer un siège dans la place,
les jeunes gens ne le verront pas et ne se lèveront pas, les vieillards ne se lèveront pas et ne se tiendront pas debout.

Laide sera sa colline, peine de toute la terre, la montagne d'impuretés.

Il ne subsistera pas à toujours.

Il sera réduit à néant.

Il ne sera pas sauvé, et il ne sera pas bâti.

Les blés n'abonderont pas dans son pays, ni au sommet de ses montagnes, ses épis ne s'agiteront pas comme les arbres du Liban.

Chaque matin il sera anéanti du pays et sera exterminé de la ville.

Il errera dans le désert, il marchera dans la solitude, sans trouver une ville où il puisse habiter.

Il ne sera pas conduit et n'arrivera pas dans une ville habitable.

Il sera affamé et il ne pourra fondra sur la ville pour l'habiter.

Il ne sera pas bâti comme une ville dont les parties sont liées ensemble.

Il travaillera en vain, il gardera la ville en vain.

Prières d'une Saskatchewanaise pour son ranch

Il ne criera pas à l'entrée des lieux bruyants ; aux portes, dans la ville, il ne fera pas entendre ses paroles.

A coté des portes, à l'entrée de la ville, à l'intérieur des portes, il ne fera pas entendre ses cris.

Il ne criera pas sur le sommet des hauteurs de la ville.

Il ne s'assiéra pas à l'entré de sa maison, sur un siège, dans les hauteurs de la ville.

Là ne sera pas pour lui une ville forte ; sa ruine sera sa pauvreté.

On poussera des cris de joie car il périra.

Sa ville ne s'élèvera pas mais sera renversée.

Celui qui est lent à la colère vaudra mieux que lui ; celui qui est maître de lui-même vaudra mieux que lui.

Il ne sera pas maître de lui-même.

Il ne recevra pas de sépulture et n'entrera pas dans le repos, et il s'en ira loin du lieu saint et sera oublié dans la ville.

Il ne marchera plus sur une petite ville avec peu d'hommes, il ne l'investira pas, et n'élèvera pas contre elle de grands forts.

On ne se souviendra pas de lui.

Son travail le fatiguera, parce qu'il ne saura pas aller dans la ville.

Prières d'une Saskatchewanaise pour son ranch

Mon pays ma ville mon sol devant toi

Ô Éternel, que mon pays ne soit pas désolé, que ma ville ne soit pas consumée par le feu, que des étrangers ne dévorent pas mon sol devant moi.

Ô Éternel, que ta servante reste comme une cabane dans une vigne, comme une hutte dans un champ de concombres, comme une ville épargnée.

Fais revenir tes juges tel qu'ils étaient autrefois, et mes conseillers tels qu'ils étaient au début.

Qu'on m'appelle ville de justice, cité fidèle !

Que la dévastation ne prive pas ma ville d'habitants et les maisons d'êtres humains, que le sol ne soit pas dévasté !

Que personne ne monte contre nous, n'épouvante la ville, que personne ne nous batte en brèche, et qu'on établisse pas un roi au milieu de nous !

Que la dévastation ne prive pas les villes d'habitants et les maisons d'êtres humains, que le sol ne soit pas désolé !

Que personne ne monte contre ma ville, que personne n'épouvante ma ville, que personne ne batte en brèche ma ville, que personne n'établisse un roi au milieu de ma ville !

Que ma ville soit une ville, qu'elle ne soit pas un monceau de ruines !

Que ma ville ne soit pas abandonnée, que ma ville ne soit pas livrée au troupeau !

Que ma ville ne soit pas abandonnée comme la forêt et la cime des montagnes !

Que la maison de la servitude soit armée contre la maison de la servitude, et que l'on se batte chacun contre son frère, chacun contre son ami, ville contre ville, royaume contre royaume !

Prières d'une Saskatchewanaise pour son ranch

Que les villes de la maison de la servitude parle la langue de mon pays, et qu'ils prêtent serment par toi, Éternel des armées !

Viens réparer les nombreuses brèches faites à ma ville, fais-nous des provisions d'eau dans le basin inférieur.

Que ma ville ne soit pas démolie, que toutes les maisons ne soient pas fermées et qu'on y entre !

Que le vin ne manque pas, que toute joie ne soit pas assombrie, que l'allégresse ne soit pas bannie !

Que la dévastation ne reste pas dans ma ville, et que les portes ne soient pas en ruines !

Que ma ville ne soit pas réduite en un monceau de pierres, que la cité forte ne soit pas réduite en une ruine !

Que le peuple puissant me glorifie, que la ville des nations tyrannique me craigne !

On chantera ce cantique dans mon pays :

Nous avons une ville forte,

il nous donne le salut pour murailles et pour rempart.

Ouvrez les portes,

qu'elle entre la nation juste, qui a gardé la fidélité

à celui qui est ferme dans ces dispositions, tu assures la paix, la paix, parce qu'il se confie en toi.

Confiez-vous en l'Éternel pour toujours,

car l'Éternel, l'Éternel, est le rocher des siècles.

Il a renversé ceux qui habitaient les hauteurs, il a abaissé la ville haute placée ;

il l'a abaissé jusqu'à terre, il lui a fait touché la poussière.

Prières d'une Saskatchewanaise pour son ranch

Car la ville forte est solitaire, c'est une demeure délaissée et abandonnée comme le désert ; là pâture du veau, il s'y couche, et il achève d'en détruire les buisson.

Que la ville bruyante soit délaissée ;
que la colline et la tour servent à jamais de caverne pour le bonheur des âmes sauvages et la pâture des troupeaux, jusqu'à ce que l'esprit soit répandu d'en haut sur moi,
que le désert se change en verger, et que le verger fasse penser à une forêt !
Que les routes de l'ennemi soient désertes ;
qu'il n'y ait plus de passant sur le sentier, parce qu'il a rompu l'alliance, méprisé ma ville et n'a de respect pour personne !
Que l'ennemi ne monte pas contre les villes et ne s'en empare pas !
Délivres-nous car nous nous confions en toi ;
que ma ville ne soit pas livrée entre les main de l'ennemi.
Toi qui as fait les choses depuis longtemps, toi qui dès les jours d'autrefois les as formées,
que les villes fortes de l'adversaire soient réduites à ne plus être que des monceau de ruines !
Que leurs habitants soient impuissants, qu'ils aient peur, qu'ils aient honte ; qu'ils soient comme l'herbe des champs et la tendre verdure, comme le gazon sur les toits et le champ avant qu'il pousse des tiges !
Que l'adversaire n'entre pas dans ma ville, qu'il n'y lance pas de flèche, qu'il ne lui oppose pas de bouclier et n'élève pas de retranchements contre elle !
Qu'il s'en retourne par le chemin par lequel il est venu et qu'il n'entre pas dans

Prières d'une Saskatchewanaise pour son ranch

cette ville !

Protège ma ville pour la sauver, à cause de toi et à cause de celui que tu as tant aimé.

Délivre-moi ainsi que ma ville de l'emprise de mon ennemi, protège ma ville.

Fais monter ta servante, la Saskatchewanaise, messagère de bonheur, sur une haute montagne, afin qu'elle élève avec force sa voix et dise aux villes de son territoire : Voici notre Dieu !

Voici mon Seigneur, l'Éternel, il vient avec puissance, et son bras lui assure la domination ;

voici qu'il a son salaire et que ses rétributions le précède.

Comme un berger il fera paître son troupeau, de son bras il rassemblera des agneaux et les portera dans son sein ;

il conduira les brebis qui allaitent.

Que le désert et ses villes élèvent la voix,

ainsi que les villages où habite Qédar !

Que les habitants de Sela éclatent en acclamations !

Que du sommet des montagnes retentissent des cris de joie !

Qu'on rende gloire à l'Éternel et que dans les îles on publie sa louange !

Il confirme la parole de son serviteur et il accomplit ce que prédisent ses envoyés.

Il dit à ma ville : elle sera habitée !

et des villes de mon territoire : elles seront rebâties, et il relève leurs ruines !

C'est toi qui as suscité la Saskatchewanaise pour la justice et tu aplaniras toutes ses voies ;

elle rebâtira ta ville et laissera partir tes déportés sans indemnité ni présents.

Prières d'une Saskatchewanaise pour son ranch

Réveille-toi ! Réveille-toi !
Réveille-toi de ta force, Saskatchewanaise !
Revêts tes habits d'apparat, Saskatchewanaise, ville sainte !
Car il n'entrera plus chez toi ni incirconcis, ni impur.
Élargis l'espace de ta tente ;
qu'on déploie les toiles de tes demeures : ne les ménage pas !
Allonge tes cordages, et affermis tes piquets !
Car tu te rependras à droite et à gauche ;
ta descendance prendra possession des nations et peupleras les villes désolées.
Sois sans crainte car tu ne seras pas honteuse ;
ne sois pas confuse, car tu ne seras pas déshonorée ;
mais tu oublieras la honte de ta jeunesse et tu ne te souviendras plus du déshonneur de ton veuvage.
Car celui qui t'a fait est ton époux : l'Éternel des armées est son nom ; il se nomme Dieu de toute la terre
car l'Éternel te rappelle comme une femme abandonnée dont l'esprit est affligé.

Les fils de mes oppresseurs viendront s'humilier devant moi,
et tous ceux qui m'outrageaient se prosterneront à mes pieds,
ils m'appelleront ville de l'Éternel,
montagne sainte.
On m'appellera térébinthe de justice, plantation de l'Éternel, pour servir à sa splendeur.
Je rebâtirai d'anciennes ruines,
je relèverai d'antiques décombres,

Prières d'une Saskatchewanaise pour son ranch

je rénoverai des villes désertes, dévastées pendant des générations.

On appellera les miens peuple saint, rachetés de l'Éternel ; et moi, on m'appellera : recherchée, ville non délaissée.

Éternel, que ma ville sainte ne devienne pas un désert, que ma ville ne devienne pas un désert, que la ville que tu m'as donnée ne devienne pas une désolation.

Que ta voix éclatante sorte de la ville, que ta voix sorte du temple, paie à tes ennemis leurs salaires.

Que tous les peuples du royaume du nord soient appelés, qu'ils viennent, et que chacun d'eux place son siège à l'entrée des portes de la ville de mon ennemi, devant ses murailles tout autour, et devant tous ses villes !

Prononce ton jugement contre l'adversaire, à cause de toute sa méchanceté.

Et moi, donne-moi de mettre à mes reins mes ceintures,

donne-moi de me lever et de lui déclarer tout ce que tu m'ordonneras.

Donne-moi de ne pas trembler en présence de mon adversaire.

Établis-moi en ce jour sur tout le pays comme une ville forte, une colonne de fer, des murs de bronze contre les rois du pays de la servitude, contre ses ministres, contres ses devins, et contre le peuple de son pays.

Que les lionceaux rugissent contre mon adversaire, qu'ils donnent de la voix et mettent de la désolation dans son pays ; et que ses villes incendiées n'aient plus d'habitants !

Faites cette annonce dans les régions de mon ennemi,

faites la entendre dans sa ville,

dites-le ! Sonnez sonnez du cor dans son pays !

Criez à pleine voix et dites :

Prières d'une Saskatchewanaise pour son ranch

Rassemblez-vous, et allons dans les villes fortes !

Élevez une bannière vers mon adversaire, fuyez ne vous arrêtez pas !

Car l'Éternel fait venir du Nord un malheur et un grand désastre.

Le lion s'élance de son taillis, le destructeur des nations est en marche,

il sort de chez lui pour désoler le pays de mon adversaire ;

ses villes seront ruinées, il n'y aura plus d'habitants.

Rappelez ceci aux nations, faites-le connaître à la ville de mon ennemi : des assiégeants viennent d'une terre lointaine ; ils donnent de la voix contre les villes de mon adversaire.

Je regarde, sa montagne : C'est un désert ; et toutes ses villes sont abattues, devant l'Éternel, devant son ardente colère.

Au bruit des cavaliers et des archers, toute la ville de mon adversaire est en fuite ;

on entre dans les taillis, on monte sur les rochers ;

toute la ville est abandonnée, et il ne s'y trouve plus d'habitant.

C'est pourquoi le lion de la forêt frappe mes adversaires, le loup des steppes les déchirent, la panthère est aux aguets devant leurs villes ;

tous ceux qui en sortiront seront déchirés ;

car leurs révoltes sont nombreuses, leurs inconstances se sont multipliées.

La moisson et le pain de mon ennemi seront dévorés,

les fils et les filles de mon ennemi seront dévorés,

le menu bétail et le gros bétail de mon ennemi seront dévorés,

la vigne et le figuier de mon ennemi seront dévorés,

les villes fortes dans lesquelles se confie moi ennemi seront démantelées par l'épée.

Prières d'une Saskatchewanaise pour son ranch

Que des bois soient coupés et des retranchements alignés contre la ville de mon adversaire : C'est la ville qui doit être châtiée, tout n'est qu'oppression au milieu d'elle.

Mon adversaire ne reforme pas ses voies et ses agissements,

il ne fait pas droit aux uns et aux autres,

il opprime l'immigrant, l'orphelin et la veuve,

il répand le sang innocent dans sa ville et son pays,

c'est pourquoi, Éternel, mon Dieu, ne laisse pas mon adversaire demeurer dans sa ville et dans son pays.

Fais taire dans les villes de sa région et dans sa ville les chants d'allégresse et les chants de joie, le chant du fiancé et les chants de la fiancée, et que le pays soit en ruine !

Que les grondements des chevaux se fassent entendre et que la terre tremble au bruit du hennissement des étalons ;

qu'ils viennent, qu'ils dévorent le pays de mon ennemi et ce qu'il renferme, la ville et ceux qui l'habitent !

Qu'il se fasse entendre un bruit qui vient, un grand tumulte du pays du nord, pour réduire les villes de mon ennemi en une désolation, en un repaire de chacals !

Que les villes de mon ennemi soient fermées, et qu'il n'y ait personne pour ouvrir !

Que toute la région de mon ennemi soit déportée, et qu'il soit déporté tout entier !

Que la région de mon ennemi soit en deuil, que ses villes soient épuisées, sombres, abattues par terre, et que les cris de sa ville s'élèvent !

Si je vais dans la campagne de mon ennemi, voici des hommes que l'épée a

Prières d'une Saskatchewanaise pour son ranch

percée ;

si j'entre dans la ville de mon ennemi, voici les gens que la faim rend malades, même le devin parcoure le pays et est privé de connaissance.

Que la ville de mon adversaire devienne un objet de stupeur et de raillerie !

Que tous ceux qui passeront auprès d'elle soient stupéfaits et raillent.

Que le peuple et la ville de mon adversaire soient brisés comme on brise un vase de potier, qui ne pourra plus être réparé !

Que le malheur vienne sur la ville de mon adversaire et sur toutes les villes qui dépendent d'elle !

Que toutes les réserves de la ville de mon adversaire, tout le produit de son travail, tout ce qu'elle a de précieux, soient livrées,

que les trésors des rois du pays de mon adversaire soient livrés entre mes mains, pour être enlevés et être transporter dans ta ville Roi des rois, Dieu-Tout-Puissant !

Que les habitants de la ville de mon adversaire soient frappés, les hommes et les bêtes !

Que mon adversaire soit livré lui et ses serviteurs !

Tourne ta face contre la ville de mon adversaire pour faire du mal et non du bien.

Qu'elle soit livrée et brûlée !

Fais de mon ennemi un désert, un ville sans habitants !

Que la maison de mon adversaire soit un objet de malédiction pour toutes les nations de la terre !

Que des terrassements soient dressés pour prendre possession de la ville de

Prières d'une Saskatchewanaise pour son ranch

mon adversaire ;

Que la ville de mon adversaire soit livrée entre mes mains ;

qu'elle soit vaincue par l'épée, par la famine et par la peste !

Que les maisons de la ville de mon adversaire et les maisons de ses régions soient abattues à l'aide de terrassements et avec l'épée.

Que la ville de mon ennemi ne soit pas un sujet de réjouissance, un sujet de louange, et une parure parmi les nations de la terre.

Que ce soit un lieu en ruines, sans hommes ni bêtes !

Que la ville de mon adversaire soit combattue, qu'elle soit prise, et qu'elle soit brûlée !

Que la ville de mon adversaire soit attaquée, qu'elle soit prise, et qu'elle soit brûlée !

Que la ville de mon adversaire soit touchée par l'épée, par la famine et par la peste !

Que la ville de mon adversaire soit livrée et prise !

Que la ville de mon adversaire soit brûlée et qu'il n'échappe pas !

Que les eaux débordent comme des fleuves,

que les eaux s'élèvent du nord, qu'elles deviennent comme un torrent qui inonde ;

Qu'elles inondent les pays de mon adversaire et ce qu'il contient, les villes et leurs habitants.

Que les hommes crient, que tous les habitants du pays de mon adversaire hurlent, au bruit de la trépidation des puissants chevaux, aux grondements des chars et aux fracas des roues !

Que le dévastateur entre dans chaque ville de mon adversaire, et qu'aucune

Prières d'une Saskatchewanaise pour son ranch

ville n'échappe ;

que la vallée périsse, et que la plaine soit détruite !

Que les villes de mon adversaire soient réduites en désolation, qu'elles n'aient plus d'habitants !

Que mon adversaire soit dévasté, que ses villes montent en fumée, que l'élite de sa jeunesse descende à l'abattoir !

Que le désastre de mon adversaire soit près d'arriver, et que son malheur vienne en grande hâte !

Que le cri de guerre retentisse contre mon adversaire ;

que les terres de mon adversaire deviennent désolées, et que ces dépendances soient consumées par le feu !

Que ce soit une désolation, un déshonneur, une ruine, et que toutes les villes de mon adversaire deviennent des ruines éternelles !

Comme Sodome et Gomorrhe qui furent bouleversées et les villes voisines, que personne n'habite dans les villes de mon adversaire, qu'aucun être humain n'y séjourne !

Que les villes de mon adversaire soient abandonnées, qu'elles soient des cités de tristesse !

Que mon adversaire, le présomptueux, trébuche et tombe, et que personne ne le relève ;

que le feu soit mis à ses villes, et qu'il en dévore tous les alentours !

Comme Sodome et Gomorrhe qui furent bouleversées et les villes voisines, que personne n'habite dans les villes de mon adversaire, qu'aucun être humain n'y séjourne !

Que le coureur court à la rencontre du coureur, le messager à la rencontre du

Prières d'une Saskatchewanaise pour son ranch

messager pour m'annoncer que la ville de mon adversaire à été prise d'un bout à l'autre !

Que les villes de mon adversaire deviennent une désolation, que son pays devienne un pays de sécheresse, une steppe ;

que son pays devienne un pays où personne n'habite, où ne passe aucun être humain !

Que la ville de mon adversaire soit assiégée, que la famine soit forte dans la ville et qu'il n'y ait pas de pain pour les habitants du pays, qu'une brèche soit faite à la ville de mon adversaire ;

et que tous les gens de guerre prennent la fuite et sortent de la ville pendant la nuit pendant que la ville serait encerclée !

Que la ville et le pays de mon adversaire soit déportée.

Prières d'une Saskatchewanaise pour son ranch

La ville ne sera pas prise

Ô Éternel, que partout où nous habitons nos villes ne soient pas ruinées.

Que l'épée ne soit pas dehors !

Que la peste et la famine ne soient pas dedans !

Que celui qui est dans la campagne ne meurt pas par l'épée, que celui qui est dans la ville ne soit pas dévoré par la famine et la peste !

Que le pays ne soit pas rempli de criminels ! Que la ville ne soit pas pleine de violence !

Fils du Dieu vivant, passe au milieu de la ville, et fais une marque sur le front des hommes qui soupirent et qui gémissent à cause de toutes les horreurs qui sont commises pas l'adversaire.

Qu'aucune des maisons de la ville ne soient souillées et remplies de cadavres !

Que le pays ne soient pas rempli de meurtre !

Que la ville ne soit pas pleine de perversion !

Fils du Dieu vivant, ne prends pas des charbons ardents et ne les jette pas sur la ville ! Car elle est à toi.

Que la ville ne soit pas la marmite et que nous ne soyons pas la viande !

Que les villes peuplées ne soient pas ruinées, et que le pays ne soit pas désolé !

N'arrache pas le plus élevé des rameaux de ma ville, ne l'emporte pas dans un pays de commerce et ne le dépose pas dans une ville marchande !

Que les veuves ne soient pas violées et que nos villes ne soient pas rendues désertes ;

que le pays et tout ce qui s'y trouve ne soit pas désolé !

Ô fils du Dieu vivant, ne trace pas deux chemin pour qu'arrive l'épée du roi de

Prières d'une Saskatchewanaise pour son ranch

Babylone.

Fils du Dieu vivant, ne trace pas un chemin pour que l'épée arrive dans ma ville.

Que le malheur ne nous atteigne pas !

Que la foule des chevaux du roi de Babylone ne me couvre pas de poussière ;

que mes murailles ne tremblent pas au bruit des cavaliers, des roues et des chars, et qu'il n'entre pas dans mes portes comme on entre dans une ville conquise !

Seigneur, Éternel, ne fais pas de moi une ville en ruine, comme les villes qui n'ont pas d'habitants, ne fais pas monter contre moi l'abîme, et que les grandes eaux ne me couvrent pas !

Ne fais pas de moi une désolation parmi les pays désolés, et que mes villes ne soient pas désolées parmi les villes en ruines !

Ne me dissémine pas parmi les nations, ne me disperse pas en divers lieu !

Que je ne sois pas désolée parmi les pays désolés, et que mes villes ne soient pas parmi les villes ruinées !

Que les jeunes hommes ne tombent pas par l'épée, et que mes villes n'aillent pas en captivité !

Que la ville ne soit pas prise !

Ne mets pas mes villes en ruines, que je ne devienne pas une désolation !

Ne fais pas de moi des solitudes éternelles, que mes villes soient habitées !

Que mes montagnes, et mes collines, mes ravins et vallées, ne soient pas en butte au pillage et à la risée !

Multiplie sur mes montagnes et les collines les êtres humains !

Que ma maison tout entière et mes villes soient rebâties !

Purifie-moi de toutes mes fautes et repeuple toutes mes villes !

Prières d'une Saskatchewanaise pour son ranch

Que mon pays devienne comme un jardin d'Éden, et que mes villes soient fortifiées et habitées !

Que mes villes soient remplies de troupeaux d'hommes, pareils aux troupeaux consacrés qu'on emmène dans ta présence à l'occasion de ses solennités !

Seigneur, que ta colère se détourne de ma ville, cette ville que tu m'as donné.

Que je ne sois pas dans le déshonneur pour ceux qui m'entourent !

Mon Dieu prête l'oreille et écoute !

Ouvres les yeux et regardes nos ruines et ma ville, cette ville sur laquelle ton nom est invoqué !

Car ce n'est pas à cause de mes œuvres de justice que je te présente ces supplications, mais c'est à cause de tes grandes compassions.

Que le roi du nord ne s'avance pas, n'élève pas de terrasse ne s'empare pas de ma ville !

N'envoie pas le feu dans mes villes et qu'il n'en dévore pas les donjons.

N'envoie pas la famine dans toutes mes villes, le manque de pain dans toutes mes demeures.

Ne me refuse pas la pluie, et que tous mes champs reçoivent la pluie.

Que notre soif soit apaisée moi et mes villes !

Que dans ma ville la femme ne se prostitue pas, que les fils et les filles ne tombent pas par l'épée, que ma terre ne soit pas partagée au cordeau ;

que je ne meure pas sur une terre impure, et que je ne sois pas déportée loin de ma terre !

Maintiens-moi ;

rebâtie mes villes et que je les habite, que je plante des vignes et en boive le vin, que j'établisse des jardins et en mange les fruits !

Prières d'une Saskatchewanaise pour son ranch

Plante-moi et que je ne sois pas arrachée de ma terre !

Fais-moi posséder ma ville.

Ramène les captifs de mon peuple ; afin qu'ils rebâtissent les villes dévastées et les habitent !

Ramène les captifs de mon peuple ; afin qu'ils plantent des vignes et en boivent le vin !

Ramène les captifs de mon peuple ; afin qu'ils établissent des jardins et en mangent le fruit !

Que personne ne se lève pour crier contre nous !

Que personne ne vienne et ne fasse de proclamation contre ma ville, cette ville que tu m'as donnée, Éternel !

Que je ne souffre pas et que je ne gémisse pas comme une femme qui accouche !

Que je ne sorte pas de la ville et que je ne fasse pas ma demeure dans les champs, que je n'aille pas à Babylone ;

que je ne sois pas livrée à Babylone, que je ne te cherche pas à Babylone mais que je te cherche ici !

Ne retranche pas les villes de mon pays et ne renverse pas toutes les forteresses !

Ne détruis pas mes villes !

Qu'on ne vienne pas vers moi d'une mer à l'autre, et d'une montagne à l'autre.

Prières d'une Saskatchewanaise pour son ranch

Une ville où les femmes craignent Dieu

Ô Éternel, que ma ville ne soit pas cachée.

Parcours toutes les villes et les villages de ma terre afin d'enseigner, d'annoncer ta bonne nouvelle, et de guérir toute maladie et toute infirmité.

Que ma ville soit une ville unie, et que ma maison soit une maison unie !

Roi des rois n'envoie pas tes troupes, ne fais pas périr les habitants de ma ville, et ne brûles pas ma ville !

Que la bonne nouvelle soit répandue dans ma ville et dans les campagnes !

Que mes villes ne soient pas des villes qui lapident !

Que tous ceux qui entrent dans ma ville trouvent la direction !

Que les toits des maisons de ma ville soient pour prier !

Que ma ville soit une ville où l'on a des visions !

Que ma ville soit une ville accueillante !

Que ma ville soit une ville où les femmes craignent Dieu.

Prières d'une Saskatchewanaise pour son ranch

Du pain dans ma campagne

Éternel, que nous trouvions du pain dans ma campagne.

Que personne ne sorte dans la campagne pour vendanger mes vignes, fouler mes raisins, et se livrer à des réjouissances !

Que personne ne se mette en embuscade dans ma campagne !

Que personne ne me batte en campagne !

Fais-nous camper en rase campagne !

Qu'aucun roi ne se mette en campagne contre ta servante, la Saskatchewanaise !

Que ma campagne s'égaie avec tout ce qu'elle renferme !

Qu'aucun roi ne vienne prendre position séparément dans ma campagne !

Qu'aucun roi, au temps où les rois se mettent en campagne, ne porte la destruction au pays où tu me fais siéger et ne vienne assiéger ma ville !

Que les ouvriers de ma campagne cultivent ma terre !

Qu'il y ait des hommes désignés pour distribuer les portions à tous les mâles de tes serviteurs !

Ô Dieu, répand la pluie à la surface de ma terre et envoie de l'eau à la surface de mes champs !

Car tu descends comme une pluie qui tombe sur un terrain fauché, comme des ondées qui arrosent la terre.

Devant nos pères tu avais fait un miracle.

Que la campagne s'égaie avec tout ce qu'elle renferme, que les arbres des forêts poussent des cris de joie !

Nos greniers sont pleins, regorgeant de tout espèce de provisions ;

Prières d'une Saskatchewanaise pour son ranch

nos troupeaux se multiplient par milliers, par dix milliers, dans nos campagnes.

Des fleurs paraissent sur ma terre, le temps de psalmodier est arrivé, et la voix de la tourterelle se fait entendre.

Que des étrangers ne dévorent pas mon sol devant moi !

Que la gloire de ma forêt et de mon verger ne soit pas exterminer totalement !

Que mes campagnes ne languissent pas ;

que les maîtres des nations ne brisent pas les ceps de la vigne qui s'étendent , qui poussent çà et là !

Que sur ma récolte

et sur ma moisson ne vienne pas fondre un cris de guerre !

Que l'allégresse et la joie ne disparaissent pas de mon verger ;

dans mes vignes, qu'il y ait des chants, des réjouissances !

Que le vendangeur foule le vin dans la cuve ;

ne fais pas cesser les cris de joie.

Que des chars et des chevaux ne soient pas mis en campagne contre ta servante !

Que nous sortions dans la joie et que nous soyons conduits dans la paix ;

que les montagnes et les collines acclament devant nous,

et que tous les arbres de la campagne battent des mains !

Que la biche dans la campagne mette bas et n'abandonne pas sa portée, parce qu'il y aurait de la verdure !

Que la joie et l'allégresse ne disparaissent pas de mon verger et du pays ;

que le vin ne tarisse pas dans les cuves ;

qu'on foule encore avec des cris de joie !

Que celui qui dévore soit menacé, et qu'il ne détruise pas les fruits de mon sol,

Prières d'une Saskatchewanaise pour son ranch

et que la vigne ne soit pas stérile dans mes campagnes !
Que cette bonne nouvelle soit annoncé dans mes campagnes.

Prières d'une Saskatchewanaise pour son ranch

Mes entrailles

Éternel, que celui qui sort de mes entrailles soient mon héritier.

Que des nations se séparent au sorti de mes entrailles !

Que tes entrailles brûlent de tendresse pour ta servante !

Fais passer mes entrailles par ton feu.

Lave mes entrailles.

Lave avec ton eau mes entrailles.

Tout ce qui sortira de mes entrailles te sera offert en sacrifice de communion.

Que toute ma vie te soit offert !

Lave mes entrailles et mes pieds.

Qu'aucune eau qui apporte la malédiction ne fasse enfler mon ventre et dépérir mes flancs !

Aime-moi, bénis-moi et multiplie-moi ;

bénis le fruit de mes entrailles,

bénis le fruit de mon sol, de mon blé, de mon vin nouveau et de mon huile,

bénis la reproduction de mes bovins et les portées de mon petit bétail.

Que je sois bénie plus tous les peuples ;

qu'il n'y ait chez moi ni homme stérile ni femme stérile, ni bête stérile parmi mon troupeaux !

Éternel, écarte de moi toute maladie ;

ne m'inflige aucune mauvaises épidémies de la maison de la servitude qui me sont connues !

Que le fruit de mes entrailles, le fruit de mon sol, le fruit de mon troupeaux, la reproduction de mes bovins et les portées de mes brebis soient bénis !

Prières d'une Saskatchewanaise pour son ranch

Éternel, comble-moi de biens, en multipliant le fruit de mes entrailles, le fruit de mes troupeaux et le fruit de mon sol.

Que le fruit de mes entrailles, soit béni,

que le fruit de mon sol soit béni,

que la reproduction de mes bovins et les portées de mon petit bétail soient bénis !

Éternel, comble moi de biens en faisant prospérer toute l'œuvre de mes mains, le fruit de mes entrailles, le fruit de mon bétail et le fruit de mon sol ;

Éternel, prends de nouveau plaisir à mon bonheur, comme tu prenais plaisir à celui de mes pères.

Maintiens ma descendance après moi, et affermis le règne de celui qui sortira de mes entrailles.

Que le fils de mes entrailles n'en veuille pas à ma vie !

Que je ne sois pas frappé au ventre par l'épée et que mes entrailles ne se répandent pas à terre !

Que celui qui sortira de mes entrailles bâtisse une maison à ton nom !

Éternel, ne me frappe pas de grandes maladies, du mal d'entrailles qui augmentera de jour en jour, jusqu'à ce que mes entrailles sortent par la force du mal.

Éternel, ne me frappe pas d'une maladie d'entrailles inguérissable.

Qu'elle n'augmente pas de jour en jour, et que mes entrailles ne sortent pas par la force du mal !

Éternel, n'envoie pas un ange qui exterminera dans ma terre tous les vaillants héros, les commandants et les chefs.

Que mes propres fils ne tombent pas par l'épée.

Prières d'une Saskatchewanaise pour son ranch

L'eau qui coule

Ô Dieu, merci pour ce que je ne suis pas morte dès les entrailles de ma mère ; je n'ai pas expié dès son ventre.

Ne rends pas mon haleine repoussante et que je ne sois pas fétide !

Fasse que ma nourriture ne se transforme pas dans mes entrailles, qu'elle ne devienne pas au dedans de moi du fiel de vipère !

Que la terre d'où provient le pain ne soit pas bouleversée dans ses profondeurs tout comme un feu !

Que mes entrailles ne bouillonnent pas sans relâche, que les jours de souffrance ne m'affrontent pas !

Je suis comme de l'eau qui s'écoule et tous mes os se disloquent ; mon cœur est comme de la cire, il se fond au milieu de mes entrailles.

Combien est précieuse ta bienveillance, ô Dieu ! à l'ombre de tes ailes les humains se réfugient.

Lorsque mon cœur s'aigrissait, et que je me sentais percé dans les reins, j'étais stupide et sans connaissance, avec toi j'étais comme les bêtes.

Voici que des fils sont un héritage de l'Éternel, le fruit des entrailles est une récompense.

Prières d'une Saskatchewanaise pour son ranch

Prends soins de mon bétail, Seigneur !

Que tes entrailles soient émues d'allégresse et que mon cœur dise ce qui est droit !

Ô fils du Dieu vivant, passe la main par l'ouverture, et mes entrailles frémiront.

Prières d'une Saskatchewanaise pour son ranch

Ma descendance

Éternel, que ma descendance soit comme le sable et ma progéniture comme les grains de sable ;

que son nom ne soit pas retranché, anéanti devant toi !

Îles, écoutez-moi !

Peuples lointains, soyez attentifs, l'Éternel m'a appelé dès le sein maternel, il a fait mention de mon nom dès ma sortie des entrailles de ma mère.

Il a rendu ma bouche semblable à une épée tranchante, il m'a couvert de l'ombre de sa main ;

il a fait de moi une flèche aiguë, il m'a dissimulé dans son carquois.

Une femme oublie t-elle son nourrisson ?

N'a t-elle pas compassion du fils de ses entrailles ?

Quand elle l'oublierait, Dieu ne l'oublierait pas.

Regarde du ciel, et vois de ta demeure sainte et splendide : Saisis-toi de ta jalousie et de ta vaillance ;

que le frémissement de tes entrailles et tes compassions ne se refusent pas à moi !

C'est toi qui es notre père, c'est toi, Éternel, qui es notre père, oui, dès l'éternité, tu t'appelles notre rédempteur.

Mes entrailles ! Mes entrailles !

Je souffre de toutes les fibres de mon cœur !

Mon cœur frémit, je ne puis me taire ;

car tu entends, mon âme, le son du cor, la guerrière.

Suis-je donc une fille chérie, une enfant choyée ?

Prières d'une Saskatchewanaise pour son ranch

Parle de moi et que mon souvenir soit vivace en toi ;

que tes entrailles frémissent en ma faveur : Aie une profonde compassion pour moi.

Éternel, vois ma détresse !

Mes entrailles bouillonnent, mon cœur est bouleversé au-dedans de moi, car j'ai vraiment été rebelle.

Au-dehors, l'épée a fait ses ravages, au-dedans, elle a été comme la mort même.

Mes yeux se consument dans mes larmes

mes entrailles bouillonnent, ma bile se répand sur la terre à cause du désastre de la fille de ton peuple, parce que des enfants et des nourrissons défaillent sur les places de la cité.

Vois, Éternel, regarde qui tu as ainsi traité !

Fallait-il que des femmes dévorent le fruit de leurs entrailles, les petits enfants tendrement aimés ?

Que les sacrificateurs et les prophètes soient tués dans le sanctuaire du Seigneur ?

Que notre argent ne soit pas jeté dans les rues, et que notre or ne devienne pas une infection ;

que ni l'argent ni l'or ne nous serve de délivrance mais que toi Éternel, tu sois notre délivrance, au jour de ton courroux ;

Que nos gosiers soient rassasiés de toi et que nos entrailles soient remplies de toi ;

car tu es la pierre de l'angle et la cause de la rémission de nos péchés.

Prières d'une Saskatchewanaise pour son ranch

Voici, des jours viendront où l'on dira : heureuses les stériles, heureuses les entrailles qui n'ont point enfanté, et les mamelles qui n'ont point allaité.

Prières d'une Saskatchewanaise pour son ranch

Aime-moi, bénis-moi, multiplie-moi

Éternel Dieu, fais élever une vapeur de ma terre et arrose la surface du sol.

Fais germer du sol toutes sortes d'arbres d'aspect agréable et bons à manger, ainsi que l'arbre de la vie au milieu de ce jardin !

Que le sol soit béni !

Que ce ne soit pas avec peine que j'en tire ma nourriture tous les jours de ma vie, qu'il ne me produise pas des chardons et des broussailles, et que je ne mange pas l'herbe de la campagne !

Quand je cultiverai le sol, qu'il me donne de sa richesse !

Que je ne sois pas errante et tremblante !

Que mes travaux manuels ne soient pas durs et ne me causent pas de la peine !

Que je ne sois pas accablée au couché du soleil !

Lorsque le soleil se lève, que j'entre dans une terre qui me protégera du souffre et du feu !

Conduis-moi dans ta tente et aime-moi, Éternel !

Que j'ai toujours de quoi semer, et que mes terres ne soient pas dans la désolation !

Que j'ai de la semence, et que je puisse ensemencer mon sol !

Seigneur, pourvois à tous mes besoins et à ceux de mes enfants !

Que des mouches vénéneuses ne soient pas lâchées contre moi, contre tous ceux qui me servent, contre mon peuple et contre ma maison ;

que ma maison ne soit pas remplie de mouches vénéneuses, ainsi que le sol sur lequel je me tiens !

Que je prenne garde à mon âme, pour ne pas me corrompre en me faisant une

Prières d'une Saskatchewanaise pour son ranch

statue, une représentation de quelque effigie sur le modèle d'un homme ou d'une femme, sur le modèle de quelque bête qui soit sur la terre, sur le modèle de quelque oiseau qui vole dans le ciel, sur le modèle de quelque animal qui rampe sur le sol, sur le modèle de quelque poisson qui soit dans les eaux au-dessous de la terre ;

que je ne me prosterne pas devant le soleil, la lune et les étoiles, toute l'armée des cieux !

Éternel, aime-moi, bénis-moi, multiplie-moi ;

bénis le fruit de mes entrailles,

bénis le fruit de mon sol, mon blé, mon vin nouveau, mon huile,

bénis la reproduction de mes bovins et les portées de mon petit bétail !

Je t'offrirai les prémices de tous les fruits que je retirerai de mon sol.

Je t'apporterai les prémices des fruits du sol que tu m'as donné.

Que le fruit de mes entrailles, le fruit de mon sol, le fruit de mes troupeaux, la reproduction de mes bovins et les portées de mes brebis soient bénis !

Comble-moi de bien en multipliant le fruit de mes entrailles, le fruit de mes troupeaux et le fruit de mon sol.

Que le fruit de mes entrailles, le fruit de mon sol, la reproduction de mes bovins et les portées de mon petit bétail soit bénis !

Que je ne sois pas écrasée et qu'un peuple que je ne connais pas ne mange pas le fruit de mon sol et tout le produit de mon travail !

Que les grillons ne prennent pas possession des arbres et du fruit de mon sol !

Ô Dieu, ne soulève pas contre moi de loin, des extrémités de la terre, une nation qui se précipitera comme un vautour, une nation dont je ne comprend pas la langue, un nation au visage farouche, et qui n'a ni respect pour le vieillard, ni pitié de l'adolescent ;

Prières d'une Saskatchewanaise pour son ranch

qu'elle ne mange pas le fruit de mon bétail et le fruit de mon sol, jusqu'à ce que je sois détruite ;

qu'elle ne prenne pas possession de mon blé, de mon vin nouveau, de mon huile, des petits de mes bovins, des portées de mon petit bétail !

Éternel, mon Dieu, comble-moi de biens en faisant prospérer toute l'œuvre de mes mains, le fruit de mes entrailles, le fruit de mon bétail et le fruit de mon sol, Éternel, prend à nouveau plaisir à mon bonheur, comme tu prenais plaisir à celui de mes pères.

Prières d'une Saskatchewanaise pour son ranch

Revêtue

Éternel Dieu, qu'il y ait du miel à la surface de mon sol.

Que personne n'arrive sur moi et ne tombe sur moi comme la rosée tombe sur le sol !

Que je sois revêtue !

Que ma maison soit revêtue !

Que mon sol soit revêtu !

Que tout ce qui m'appartient soit revêtu !

Que je sois couverte !

Que ma maison soit couverte !

Que mon sol soit couvert !

Que tout ce qui m'appartient soit couvert !

Que je sois bâtie !

Que ma maison soit bâtie !

Que mon sol soit bâti !

Que tout ce qui m'appartient soit bâti !

Remplis-moi !

Remplis ma maison !

Remplis mon sol !

Remplis tout ce qui m'appartient !

Que le pot de farine ne s'épuise pas, et que la cruche d'huile ne se vide pas, jusqu'au jour où tu enverras la pluie sur la surface du sol !

Envoie la pluie sur la surface du sol !

Je t'apporterai chaque année les prémices de mon sol.

Prières d'une Saskatchewanaise pour son ranch

Que je creuse le sol et me réjouisse de ta force, Éternel !

Remus ma vigne, ôte les pierres et plante y un cépage délicieux, et qu'il produise de bon fruits !

Répands des eaux sur le sol altéré et des ruisseaux sur la terre desséchée ;

répands ton esprit sur ma descendance et ta bénédiction sur ma progéniture !

Qu'ils germent au beau milieu de l'herbe, comme des saules près des courants d'eaux !

Que mon sol soit profond !

Que ma semence tombe dans un sol profond.

Prières d'une Saskatchewanaise pour son ranch

Berger de mon troupeau

Ô Dieu, que je sois mère de ceux qui habitent sous des tentes et près des troupeaux.

Ô Dieu, que je sois très riche en cheptel, en argent et en or.

Que les bergers de mon troupeaux ne soient pas en querelle avec les bergers d'autres troupeaux !

Ô Dieu, que j'ai un cheptel de petit bétail, un cheptel de gros bétail et un grand nombre de serviteurs !

Qu'aucune pierre ne bouche l'ouverture des puits où se rassemblent mes troupeaux dans la campagne !

Que mes troupeaux se rassemblent et s'abreuvent !

Lorsqu'il fait jour, qu'on rassemble mes troupeaux, qu'on abreuve le petit bétail, puis qu'on aille les faire paître !

Éternel, bâtis ma maison, et fais des huttes pour mon troupeau.

Éternel, lorsqu'un peuple s'alliera à moi de quelque manière que ce soit, que mon cheptel, mes biens et toutes mes bêtes ne soient pas à eux mais reste ma propriété perpétuelle !

Éternel, qu'aucun peuple ne prenne mon petit bétail et mon gros bétail, mes ânes, ce qui est dans la ville et ce qui est dans la campagne ;

qu'ils ne capturent pas et ne pillent pas toutes mes richesses, mes enfants, ainsi que tout ce qui se trouve dans les maisons !

Que je sois reconnue par les rois comme une bergère de bétails, éleveuse !

Qu'ils entendent que je suis éleveuse depuis ma jeunesse jusqu'à maintenant, comme l'étaient mes pères !

Prières d'une Saskatchewanaise pour son ranch

Que je ne donne pas mon cheptel en échange de pain !

Que je ne donne pas mes chevaux, mon cheptel de petit et de gros bétail, et mes ânes en échange de pain !

Que je ne donne pas mes terres en échange de pain !

Que la peste ne soit pas sur mon cheptel dans la campagne, sur mes chevaux, sur le gros et sur le petit bétail !

Éternel, que mon cheptel soit distingué de tous les autres cheptel, et que rien de tout ce qui m'appartient ne périsse !

Que mon cheptel ne meure pas,

Que pas une bête de mon cheptel ne meure !

Que mon cheptel et tout ce qui est à moi dans la campagne soit en sûreté !

Que la grêle ne tombe pas sur les hommes et sur toutes mes bêtes qui se trouvent dans la campagne !

Qu'ils ne meurent pas !

Qu'il ne tombe pas de la grêle sur le pays, sur les hommes, sur les bêtes et sur toute l'herbe des champs dans le pays !

Que nos troupeaux restent avec nous et avec personne d'autre, et qu'il n'en reste pas un sabot !

Qu'il y ait un cheptel considérable de petit et de gros bétail avec nous !

Que moi, mes fils et mes troupeaux ne mourions jamais de soif !

Tout mâle, né le premier dans mon cheptel, veau ainsi qu'agneau t'appartiendra.

Donne-nous de l'eau à boire nous et nos troupeaux, Éternel, mon Dieu !

Que mon bétail ne soit pas pillé, tous mes troupeaux et toutes mes richesses !

Éternel, donne-moi d'avoir un cheptel nombreux et très important ;

et que le pays où je suis soit un lieu favorable pour le cheptel !

Prières d'une Saskatchewanaise pour son ranch

Que ce pays soit favorable au cheptel !

Éternel, donne-nous de construire des enclos dans le pays pour nos troupeaux et des villes pour nos enfants !

Donne-nous de construire des villes pour nos enfants et des enclos pour notre petit bétail !

Donne-nous des villes fortes avec des enclos pour le petit bétail !

Que nous ayons de nombreux cheptel et qu'ils restent dans la ville avec nos petits enfants !

Que je sois bénie plus que tous les peuples ; qu'il n'y ait chez moi ni homme stérile ni femme stérile, ni bête stérile parmi mes troupeaux !

Que le fruit de mes entrailles, que le fruit de mon sol, que le fruit de mes troupeaux, la reproduction de mes bovins et les portées de mes brebis soient bénis !

Éternel, comble-moi de biens, en multipliant le fruit de mes entrailles, le fruit de mes troupeaux et le fruit de mon sol !

Ne soulève pas contre moi de loin, des extrémités de la terre, une nation qui se précipitera comme un vautour, une nation dont je en comprend pas la langue,

une nation au visage farouche, et qui n'aura ni respect pour le vieillard, ni pitié pour l'adolescent ;

qu'elle ne mange pas le fruit de mon bétail et le fruit de mon sol, jusqu'à ce que je sois détruite ;

qu'elle ne touche pas à mon blé, ni à mon vin nouveau, ni à mon huile, ni à mon petit bétail, et qu'elle ne me fasse pas périr !

Éternel, comble-moi de biens en faisant prospérer toute l'œuvre de mes mains, le fruit de mes entrailles, le fruit de mon bétail et le fruit de mon sol.

Prières d'une Saskatchewanaise pour son ranch

Mon bétail

Éternel, que je retourne à mes tentes avec de grandes richesses, et avec des troupeaux fort nombreux, et avec une quantité considérable d'argent, d'or, de bronze, de fer et de vêtements !

que je partage avec mes frères le butin de l'ennemi.

Fais-moi monter avec mes troupeaux et mes tentes, que j'arrive comme une multitude de sauterelles, et que je sois innombrable, moi et mes chameaux, et que je vienne dans le pays de mon ennemi pour le ravager !

Tu prendras la dîme de mon petit bétail.

Éternel, sers-moi de muraille nuit et jour, faisant paître mon bétail !

Que je sois une éleveuse qui paie ses tributs !

Éternel, remplis le vallon d'eau et qu'on boive, nous, nos troupeaux et notre bétail.

Que mon pays soit vaste et tranquille et qu'il s'y trouve de gras et bons pâturages !

Que mon cheptel soit nombreux dans le pays !

Qu'on ne capture pas mon cheptel, mes chameaux, mes ânes, ainsi que les personnes qui vivent avec moi, tout ce que tu m'as donné !

Éternel, combats tous ceux qui vont descendre pour renverser mon troupeaux.

Éternel, établis des chefs sur tous mes biens et mon cheptel.

Que nos villes ne soient pas abattues, qu'elles ne soient pas pillées de toute ce qu'il y a d'abondant !

Que les tentes des troupeaux ne soient pas abattues et qu'une grande quantité de petit bétail et de chameaux ne soit pas emportée !

Prières d'une Saskatchewanaise pour son ranch

Fais-moi bâtir des forts et que je creuse beaucoup de citernes, parce que tu m'auras donné de nombreux cheptel dans la chephéla et dans la plaine, ainsi que des laboureurs et des vignerons dans les montagnes.

Fasse que je me procure des entrepôts pour les produits en blé, en vin nouveau et huile, des crèches pour toute espèce de bétail et des troupeaux pour les étables.

Donne-moi de me faire des villes et que j'ai en abondance des troupeaux de petit et de gros bétail ; car c'est toi, Dieu, qui me donnes des bines très considérables.

Seigneur, protège-moi, moi, ma maison et tout ce qui m'appartient.

bénis l'œuvre de mes mains, et que mon troupeau se répande dans le pays.

Que la paix soit sous ma tente ;

qu'il ne me manque rien lorsque je visite mon pâturage !

Éternel, si tu annonces le tonnerre, que le troupeau pressente son approche.

Que je connaisse chacune de mes brebis, et que je donne soins à mes troupeaux !

Que j'acquiers des serviteurs et des servantes, et que j'ai leurs fils nés dans la maison, que je sois, de plus, grande propriétaire de gros et de petit bétail !

Que je ne m'égare pas près des troupeaux !

Que ma terre soit toujours habitée, qu'elle soit peuplée, de génération en génération !

Que l'Arabe y dresse sa tente, et que les bergers en fassent un gîte pour leurs troupeaux !

Que mes villes ne soient pas abandonnées, livrées aux troupeaux ;

qu'ils n'y fassent pas leur gîte !

Éternel, répands la pluie sur la semence que j'aurai mis en terre, et que le pain que produira la terre soit substantiel et nourrissant ;

Prières d'une Saskatchewanaise pour son ranch

que mes troupeaux paissent dans de vaste pâturages !

Que les bœufs et les ânes qui labourent ma terre mangent un fourrage salé, qu'on aura vanné avec la fourche et le van ;

Que le donjon ne soit pas abandonné, que la ville bruyante ne soit pas délaissée ;

la colline et la tour ne servent pas à de cavernes pour le bonheur des ânes sauvages et la pâtures des troupeaux !

Que les troupeaux de Qédar se réunissent tous chez moi ;

que les béliers de Nebayoth soient à mon service ;

ils seront offerts en holocauste sur ton autel et te seront agréables, Éternel.

Que des étrangers soient là pour faire paître mon petit bétail, que des fils de l'étranger soient mes laboureurs et mes vignerons !

Que vers moi ne marchent pas des bergers avec leurs troupeaux ;

qu'ils ne plantent pas leurs tentes sur moi, tout autour ;

qu'ils ne broutent pas chacun leur part !

Ne fais pas de ma ville un monceau de ruine, un repaire de chacals ;

qu'on y entende la voix des troupeaux ;

que les oiseaux du ciel et les bêtes ne prennent pas la fuite et ne disparaissent pas !

Que je ne sois pas une bergère stupide, qui ne cherche pas l'Éternel !

Que j'ai du discernement et que tous mes troupeaux ne soient pas disséminés !

Sois notre asile, sois notre refuge !

Que je m'établisse moi et toutes mes villes ainsi que mes laboureurs et ceux qui conduisent les troupeaux !

Qu'il y ait encore des enclos dans toutes mes villes, pour mes bergers qui font

Prières d'une Saskatchewanaise pour son ranch

gîter mes troupeaux !

Que mes tentes et mes troupeaux ne soient pas pris, que mes toiles, tous mes bagages et tous mes chameaux ne soient pas enlevées !

Que mes chameaux ne soient pas au pillage, et que la multitude de mes troupeaux ne soient pas un butin ;

ne me vanne pas à tous vents, et ne fais pas venir notre malheur de tous les côtés !

Que mes villes soient remplies de troupeaux d'hommes, pareils aux troupeaux consacrés, pareils aux troupeaux consacrés qu'on emmène sur ta montagne Éternel, Dieu de toute la terre !

Que mes bêtes ne gémissent pas !

Que mes troupeaux de bœufs ne soient pas consternés, parce qu'ils sont sans pâturages ;

que mon troupeau de brebis ne soit pas en souffrance !

Que je sois comme une lionne parmi les bêtes de la forêt, comme un lionceau parmi les troupeaux de brebis : Lorsque je passe, que je foule, que je déchire et que personne ne délivre !

Que les côtes de la mer soient des pâturages, des demeures pour mes bergers, et des parcs pour mes troupeaux !

Que je paisse dans les champs les veilles de la nuit pour garder mes troupeaux.

Prières d'une Saskatchewanaise pour son ranch

Mon gros et mon petit bétail

Ô mon Dieu, que je reçoive du petit et du gros bétail, des ânes, des serviteurs et servantes, des ânesses et des chameaux.

Ô mon Dieu, que j'ai du petit et du gros bétail, ainsi que des tentes.

Ô mon Dieu, que je reçoive du petit et du gros bétail, des ânes, des serviteurs et servantes, des ânesses et des chameaux.

Comble-moi de bénédictions, et que je devienne une femme importante.

Donne-moi du petit et du gros bétail, de l'argent et de l'or, des serviteurs et des servantes, des chameaux et des ânes.

Que personne ne prenne tout ce que tu m'as donné le petit et le gros bétail, l'argent et l'or, les chameaux, les ânes !

Que j'habite dans le pays, moi, mes descendants, mon petit et mon gros bétail, et tout ce qui est avec moi !

Que je ne convoite pas le petit bétail de mon prochain ;

que je ne convoite pas le gros bétail de mon prochain ;

que je ne convoite pas le bœuf de mon prochain ;

que je convoite pas les chameaux de mon prochain ;

que je convoite pas les ânes de mon prochains !

Qu'aucune de mes bêtes ne frappe de ses cornes un homme ou une femme, qu'aucune personne se soit frappé à mort par l'une de mes bêtes !

Qu'aucune de mes bêtes ne frappe de ses cornes un fils ou une fille, qu'aucun enfant se soit frappé à mort par l'une de mes bêtes !

Que mes bêtes ne tombent pas dans les citernes !

Qu'aucune de mes bêtes ne frappe de ses cornes le bœuf de mon prochain,

Prières d'une Saskatchewanaise pour son ranch

qu'aucune bête appartenant à mon prochain ne se soit frappée à mort par l'une de mes bêtes !

Qu'aucune de mes bêtes ne soit dérobée, égorgée et vendue !

Que toutes mes bêtes qui me seront volées me soient restituées !

Quand je donnerai mon bœuf, mon âne, mon agneau, où quoi que ce soit qui m'appartienne à mon prochain pour le garder, que l'animal ou la chose ne soit pas dérobé, égorgé et détruit.

Quand le bœuf de mon prochain s'égare, Éternel, donne-moi de le lui ramener.

Que j'ai des brebis et des bœufs en grand nombre !

Lorsqu'un voyageur arrive dans ma maison, que je ne prenne pas le bœuf ou la brebis d'autrui pour l'offrir au voyageur mais que je prenne ma brebis, mon bœuf !

Que je ne t'offre point ce qui ne m'a pas coûté, Éternel, mon Dieu !

Que j'ai un esprit qui n'est jamais absent !

Que mes brebis et mes chameaux soient très nombreux !

Que mes ânesses et mes bœufs soient très nombreux !

Que mon personnel soit très nombreux !

Bénis la dernière partie de ma vie plus que la première.

Éternel, Mon Dieu !

Que ton nom est magnifique sur tout la terre !

Toi qui établis ta majesté au-dessus des cieux.

Par la bouche des enfants et des nourrissons tu as fondé ta force à cause de tes adversaires, pour imposer silence à l'ennemi et au vindicatif.

Quand je regarde les cieux, ouvrage de tes mains, la lune et les étoiles que tu as établies :

qu'est-ce que l'homme, pour que tu te souviennes de lui ? Et le fils d'homme,

Prières d'une Saskatchewanaise pour son ranch

pour que tu prennes garde à lui ?

Tu l'as fait de peu inférieur à Dieu, et tu l'as couronné de gloire et splendeur.

Tu lui as donné la domination sur les œuvres de tes mains, tu as tout mis sous ses pieds, les brebis comme les bœufs tous ensemble, et même les bêtes des champs, les oiseaux du ciel et les poissons de la mer, tout ce qui parcourt le courant marin !

Que je ne fléchisse pas par le savoir faire d'un homme ou d'une femme, que je ne sois pas entraînée par les paroles doucereuses d'un homme ou d'une femme !

Que je ne suive aucun Homme, comme le bœuf qui va à l'abattoir, comme un fou qu'on lie pour le châtier, jusqu'à ce qu'une flèche me transperce le foie comme un oiseau qui se précipite dans le filet, sans savoir que c'est au prix de sa vie !

Que par la force de mes bœufs j'obtienne d'abondants revenus et qu'il y ait des taureaux parmi mes bêtes !

Tel que le bœuf connais son possesseur et l'âne son maître, Éternel, donne-moi de te connaître et de tout comprendre.

Que par ta main la vache et l'ourse ait un même pâturage, que leurs petits aient une même couche ;

que le lion comme le bœuf mange de la paille !

Que le nourrisson s'abatte sur l'antre de la vipère, et l'enfant sevré mette sa main dans le trou de l'aspic !

Qu'il ne se fasse ni tort, ni dommage sur toute ta montagne, ce lieu qui m'appartient et que tu m'as donné de génération en génération.

Que je sois heureuse !

Que je sème partout le long des eaux et que je détache les pattes de mon bœuf et de mon, âne !

Que les buffles restent debout avec nous et les bœufs avec les taureaux ;

Prières d'une Saskatchewanaise pour son ranch

que notre terre s'enivre de la vie de l'agneau de Dieu,

et que notre poussière ne soit pas imprégnée de graisse !

Que le produit du travail de nos pères dès notre jeunesse ne soit pas dévoré, le menu et le gros bétail !

Que ma moisson et mon pain ne soient pas dévorés, que mes fils et mes filles ne soient pas dévorés, que mon menu et mon gros bétail ne soient pas dévorés, que ma vigne et mon figuier ne soient pas dévorés !

Éternel, libère ta servante, la Saskatchewanaise !

Libère-la de la main d'un plus fort qu'elle.

Que je vienne, que je triomphe dans ta présence, sur les hauteurs de ta montagne, ce lieu que tu m'as donné de génération en génération ;

que j'afflue vers tes biens, Éternel, le blé, le vin nouveau, l'huile, le petit et le gros bétail ;

que mon âme soit comme un jardin arrosé, et que je n'éprouve plus de panique !

Éternel, ne martèle pas des nations et ne détruis pas des royaumes !

Ne martèle pas le cheval et son cavalier ;

ne martèle pas le char et celui qui le monte !

Ne martèle pas l'homme et la femme ;

ne martèle pas le vieillard et l'enfant ;

ne martèle pas le jeune homme et la jeune fille !

Ne martèle pas le berger et le troupeau ;

ne martèle pas le laboureur et son attelage

ne martèle pas les gouverneurs et les magistrats !

Que je ne sois pas chassée du milieu des hommes, que parmi les bêtes des

Prières d'une Saskatchewanaise pour son ranch

champs je n'ai pas ma demeure, qu'on ne me donne pas comme un bœuf l'herbe à manger ;

que je ne sois pas trempée de la rosé du ciel !

Que mes bêtes ne gémissent pas !

Que mes troupeaux de gros bétail ne soient pas errants, parce qu'ils n'ont point de pâtures ;

que mes troupeaux de petit bétail ne soient pas punis !

Que le figuier fleurisse, Seigneur !

Qu'il y ait de la vendange dans les vignes ;

que la production de l'olivier ne soit pas décevante, que les champs donnent de la nourriture, que le petit bétail ne disparaisse pas de l'enclos, et qu'il y ait du gros bétail dans les étables.

Prières d'une Saskatchewanaise pour son ranch

Des brebis et des vaches

Ô Seigneur, que mes brebis et mes chèvres n'avortent pas, et que les béliers de mon troupeau ne soient pas dévorés.

Ô Seigneur, donne-moi en possession des chèvres, des boucs, des brebis, des béliers, des chameaux, des vaches, des taureaux, des ânes et des ânesses.

Que j'ai toujours avec moi des brebis et des vaches qui allaitent !

Donne-moi des gens pour tondre mon petit bétail !

Ô Seigneur, qu'il y ait du pâturages pour mon petit bétail !

Je t'offrirai le premier-né de ma vache et de ma brebis.

Je t'offrirai les prémices de mon blé, de mon huile, de mon vin nouveau, et les prémices de la toison de mon menu bétail.

Éternel, donne-moi comme nourriture le miel de la roche, l'huile du granit du rocher, la crème des vaches et le lait des chèvres avec la graisse des agneaux, des béliers de Basan et des boucs !

Fais-moi paître le troupeau, Éternel !

Que je sois avec ton troupeau !

Fais-moi paître ton troupeau, Père qui est dans les cieux.

Lorsque le Lion ou l'ours viendront enlever une bête du troupeau, que je cours après lui, que je le frappe et lui arrache la bête de sa gueule ; s'il se dresse contre moi, que je le saisisse par le poil du menton, que je le frappe et que je le tue !

Prend-moi au pâturage, derrière le troupeau, pour que je sois conductrice de ton peuple.

Que je nourrisse mes brebis, et qu'elle grandissent chez moi avec mes fils ; qu'elles mangent mon pain, et boivent dans ma coupe, qu'elles dorment sur mon sein.

Prières d'une Saskatchewanaise pour son ranch

Qu'elles soient pour moi comme des filles.

Éternel, apporte moi, à ta servante et au peuple qui est avec moi, des lits, des bassins, des pots de terre, du froment, de l'orge, de la farine, du grain rôti, des fèves, des lentilles, du miel, de la crème, du petit bétail et des fromages de vache, afin que je puisse manger, boire et me reposer.

Que je ne sois pas disséminée sur les montagnes, comme des brebis qui n'ont point de berger !

Tu nous livres comme du petit bétail à dévorer, tu nous disperses parmi les nation.

Mais c'est à cause de toi qu'on nous met à mort tous les jours, qu'on nous regarde comme brebis de boucherie.

Révèle-moi, toi que mon cœur aime, où tu fais paître ton troupeau, où tu le fais reposer à midi ; car pourquoi serais-je comme égarée près des troupeaux de tes compagnons !

Que des étrangers ne dévorent pas les possessions que tu m'as remises !

Que j'entretienne une jeune vache et deux têtes de bétail ;

qu'il y ait de l'abondance de lait et qu'on mange de la crème, que je me nourrisse de crème et de miel !

Je t'offrirai mes agneaux en holocauste.

Mes sacrifices seront à ta gloire.

Que je ne sois pas errante comme une brebis suivant sa propre voie !

Que je ne sois pas semblable à l'agneau qu'on mène à la boucherie !

Que je ne sois pas disséminée, que je ne sois pas chassée ; prends soin de moi, Éternel !

Rassembles le reste de tes brebis de tous les pays où tu les avais chassées ;

Prières d'une Saskatchewanaise pour son ranch

ramènes les dans leur enclos ;

qu'elles soient fécondes et se multiplient.

Sois établi sur elles pour les faire paître ;

et qu'elles n'aient plus peur, qu'elles ne tremblent plus, et qu'il n'en manque aucune.

Dans les villes de la montagne, dans les villes de la vallée, dans les villes du désert, dans le pays et ses environs, que le petit bétail paisse encore sous ta main !

Appelle-moi par mon nom et conduits-moi dehors !

Marche devant moi et donne-moi de te suivre.

Prières d'une Saskatchewanaise pour son ranch

Ma corbeille et ma huche, mon arrivé et mon départ

Mon Dieu, que les oiseaux ne mangent pas tout ce qui se fait pour ma nourriture et se trouvant dans ma corbeille !

Mon Dieu, remplis ma corbeille de pain.

Mon Dieu, remplis ma corbeille de tous les fruits du sol dans le territoire que tu m'as donné.

Que corbeille soit bénie !

Qu'elle ne soit pas maudite !

Que ma huche soit bénie !

Que ma huche ne soit pas maudite !

Que je ne sois pas égorgée moi et mes fils et que nos têtes ne soient mises dans des corbeilles !

Que les choses arrivent selon l'explication que je donnerai !

N'excite pas ta colère jusqu'à mon arrivé dans ta présence, Éternel !

Que je me souvienne de tout ce que tu m'as fais jusqu'à mon arrivé en ce lieu !

Que je sois bénie à mon arrivé, et que je sois bénie à mon départ !

Que je ne sois pas maudite à mon arrivé, et que je sois pas maudite à mon départ !

Que toutes mauvaises choses ne nous arrivent pas !

Que ta présence demeure dans mon camp, dans ma maison !

Qu'on ne trouve rien à me reprocher !

Qu'on ne trouve rien de mauvais en moi !

Que je fléchisse toujours genoux à mon arrivé dans ta présence !

Prières d'une Saskatchewanaise pour son ranch

Que toute chose qui m'arrive, m'arrive toujours par toi !

Que je fasse mon offrande volontaire pour le rétablissement de ta maison !

Garde mon départ et garde mon arrivé !

Que le ravage et la ruine, la famine et l'épée ne m'arrive pas !

Que ma fin n'arrive pas !

Que la résurrection arrive !

Que je sois bénie à mon arrivé, et que je sois bénie à mon départ !

Que je ne sois pas maudite à mon arrivé, et que je sois pas maudite à mon départ !

Que je sois dans l'abondance à mon départ, et Éternel, ne me ramène pas à vide.

Oui, je veux morebooks!

I want morebooks!

Buy your books fast and straightforward online - at one of the world's fastest growing online book stores! Environmentally sound due to Print-on-Demand technologies.

Buy your books online at
www.get-morebooks.com

Achetez vos livres en ligne, vite et bien, sur l'une des librairies en ligne les plus performantes au monde!
En protégeant nos ressources et notre environnement grâce à l'impression à la demande.

La librairie en ligne pour acheter plus vite
www.morebooks.fr

OmniScriptum Marketing DEU GmbH
Heinrich-Böcking-Str. 6-8
D - 66121 Saarbrücken
Telefax: +49 681 93 81 567-9

info@omniscriptum.com
www.omniscriptum.com

www.ingramcontent.com/pod-product-compliance
Lightning Source LLC
Chambersburg PA
CBHW020653300426
44112CB00007B/367